JN207103

佐々木睦朗作品集
1995-2024

MUTSURO SASAKI
STRUCTURE WORKS
1995-2024

構造デザインの美学

佐々木睦朗

代々木国立屋内総合競技場

名古屋大学時代

木村事務所時代

はじめに

　僕が建築を志すようになったのは、丹下健三設計の「代々木国立屋内総合競技場」（1964年）の存在をテレビや新聞などの報道を通して知ることからはじまった。大学受験を間近に控えた高校3年生の頃である。その後、名古屋大学の建築学科に進み、代々木の設計には丹下健三と並ぶもう一人の重要な人物、構造家の坪井善勝の存在を知った。つまり、この建築の形や空間のイメージを構想したのは建築家の丹下であるが、それを実現する物理的な手立てを構想したのは構造家の坪井であったということだ。

　このような建築＝構造を、いつか自分の手でつくってみたい。理由はわからないけれど、生涯の目標になると確信した記憶がある。この建築が建築家と構造家の緊密なコラボレーションのもとに創造されていること、坪井が日本を代表する構造家でありシェル空間構造の権威であることなども知り、大学院には同じ専門分野でとくにシェル理論の研究者として著名な松岡理の研究室に進むことにした。僕の自由曲面シェルの遺伝子はまちがいなくこの研究室時代に刷り込まれたものである。

　僕が学生時代を過ごした1960年代は、「構造表現主義」の時代と呼ばれる近代建築の最後期にあたり、丹下健三＋坪井善勝コンビのほかにも、菊竹清訓＋松井源吾、大高正人＋木村俊彦など、当時を代表する建築家と構造家のコンビにより多くのすぐれたコラボレーションが展開された時代でもあった。半世紀前と現代とでは時代も社会状況も大きく異なるが、いまでも最高のお手本になっている。その後、1970年に大学院を修了し、松岡先生の紹介により木村俊彦構造設計事務所に入社、約10年にわたる実務の修業を経て1980年に独立している。この木村事務所での修業時代は、木村先生の直接指導のもとに構造フィロソフィーの継承や設計実務を習得できたこと、また当時の建築界を代表する建築家たちとの協働体験はとても貴重なものであった。

　ところで、1970〜80年代は歴史主義や記号優先の「ポストモダン建築」の時代とも呼ばれ、必ずしも構造家にとって好ましいとはいえない状況に置かれていた。そうした状況の中で「構造の美は合理の近傍にある」という有名な坪井先生の格言や、「ナンセンスでなければ構造には解決の方法がある」という恩師の励ましに支えられ、独立後の1980年代もモダニズムに基づく構造合理主義の思想を堅持し続けていた。なかでも盟友である難波和彦君との共同作業は、僕のキャリアと思想形成において重要なポジションを占め、約10年後に出会う伊東豊雄さんやSANAA（妹島和世＋西沢立衛）とのコラボレーションをスムーズにしたのも、彼との共同作業で得られた知見と経験によるものといってもよい。

　1980年代の後半、英国を中心に建築デザインの世界的動向として新たに登場した「ハイテク建築」は、テクノロジーを重視する僕らにとって格好の学習テーマとなり、その新しいデザイン手法の可能性について共同研究を本格的にはじめた。そこでの最大の関心事は、構造や設備を建築の表現に結びつける可能性であり、単なる形態操作でない表現の可能性をテクノロジーの側から見つけだすために、建築を図式的に建築＝技術×機能×記号と定義した上で、デザイン仮説としての分散化、

非物質化、微細な構築といったキーワードをテーマにして共同研究を進めた。

そして1991年、黒川雅之さんとの「美和ロック工業玉城工場」(1990年)の構造設計で第1回松井源吾賞を受賞したことで、ハイテク建築を参考に構造合理主義を徹底する構造設計が現代でもすぐれて有効であることを再確認できた。

また1993年、憧れの空間構造家フェリックス・キャンデラと対談する機会を得たことも貴重な体験となり、僕の構造デザイン手法も大きな変化を迎えることになった。建築の構造には「骨組構造」と「空間構造」という対照的な2つの系譜があり、たとえば古代建築の代表例としてギリシャの「パルテノン神殿」、ローマの「パンテオン」に見るように、それぞれ固有の構造原理と歴史的展開がある。それらの起源まで遡り歴史的に検証すること、さらに近現代建築の問題へと変換し展開することによって、僕なりの新たな構造デザイン手法を構築する作業を開始したのである。

フェリックス・キャンデラと

「せんだいメディアテーク」との出会い

1995年の1月、突然、その扉を開くビッグチャンスが天から降ってくるように訪れた。のちに代表作となる伊東豊雄さんとの「せんだいメディアテーク」(2000年)のコンペティションでの出来事である。コンペがスタートして間もない頃、海外に発つ直前の伊東さんからFAXで1枚の衝撃的なスケッチが送られてきた。

それは不定形なチューブが海草のようにゆらゆらと揺れながら数枚の薄いプレートを支えるという、詩的ではあるが、およそ現実離れしたものであった。しかし、そこには僕の想像力をかきたて挑発する強烈な力が存在していた。それはドームを変形したようなチューブ状の構造をキュービックなオフィスビルの中に内在化させたような、僕流にいえば骨組構造と空間構造を合体したような、両義的なイメージの建築＝構造であった。

伊東さんの後日談によると、このときの僕の興奮ぶりには異常なものがあったという。探し求めていた新しい鉱脈についに遭遇したのであるから致し方ないことだと思っている。挑発的なスケッチを受理した後、この詩的な建築のアイデアをリアルな構造のアイデアに還元すべく、それまでに蓄積してきた知識と経験を総動員して構造計画に臨んだことはいうまでもない。そこでは既成概念としての屋根、床、梁、壁、柱、基礎などの構造的解釈および概念の根本的見直しを迫る作業が必要とされ、それまで築いてきた経験的デザイン手法の集大成になるものであった。また、この時点で留保したチューブ状空間構造に関しては、数年後の大学研究室における新たな理論的構造デザインへとつながることになったのである。

一方、この記念すべき「せんだいメディアテーク」での設計体験を契機に、改めて現代の構造デザインをめぐるさまざまな諸言について広く検索し思索を深めることになった。それらのキーワードを順不同に列挙すれば、イメージとリアリティ、合理と非合理、論理と恣意、制約と自由、厳密と融通、線形と非線形、均質と非均質、人工と自然、構造と装飾、構造と形態、局所と全体、安定と不安定、定形と不定形、不定形な構造と接合部、人工物と生命体、工学とバイオメカニクス、線と面、離散体と連続体、力の流れと最適化、ロバスト性とリダンダンシー、等々である。

またそれと同時に構造デザインへの取り組み方も、テーマごとの方法論を明確に意識化・差別化し、自由で自然な構造を究極の目標に設定して自分なりの新た

なデザイン手法をめざしていくことになった。すなわち、対照的な2つの構造系譜のうち、骨組構造には経験的デザイン手法のさらなる展開を、空間構造には理論的デザイン手法の新たな構築をめざしたのである。

　まず骨組構造における経験的なデザイン手法についてであるが、とくにSANAAとのコラボレーションにおいて、軽快感、透明感、柔軟性、自由な平面と開放性、非均質性、流動性、さらにはフレームの消失などのデザイン目標を意識的に展開したもので、いわばミース建築の抽象性をさらに推し進めようとする構造デザイン手法の展開であった。周知のように、SANAAの妹島和世さんは伊東豊雄さんの弟子筋にあたり、建築への嗜好や感性は両者に共通するものがある。当然であるが、弟子である妹島さんは師の伊東さんから大きな影響を受けており、そうした建築の方向性を変えることなく、さらにブレークスルーする道を歩んでいる。その代表作が「金沢21世紀美術館」(2004年)であり、骨組構造における経験的デザイン手法のさらなるブラッシュアップ例ともいえよう。

　一方、空間構造の系譜についてはどうだろうか。もともと構造デザインとは、設計条件(空間条件や力学条件)に適合する構造物をつくり出すことであるから、設計条件を所与の条件として力学の原理に基づいて目的とする構造形態を得るのが本来の手順であると考えられる。

　とくにシェルのような形態抵抗型の空間構造の場合、最初の基本計画の段階においてこのように設計諸条件を満たす最適な構造形態や断面を力学的に直接見出す逆解析的な創造過程によって求めることが可能であり、このデザイン手法を「理論的デザイン手法」と呼んでいる。僕が提唱する理論的デザイン手法に「感度解析手法」と「進化論的構造最適化手法」がある。いずれも生物の進化や自己組織化などの原理を工学的視点から捉え、コンピュータ内で合理的な構造形態を創出するものである。

　これら2つの理論的デザイン手法を適用して得られた形態抵抗型構造を総称して僕は「フラックスストラクチャー」と呼び、前者の代表に「自由曲面シェル」、後者の代表に「樹状分岐構造」がある。これらはある意味ではガウディの三次元模型実験手法の延長上にあるもので、実験手法の代わりに数理的な力学理論をベースにしたコンピュータ構造最適化手法を用いて合理的な構造形態を創生するというものである。

　これは次で詳述するように、構造形態創生における理論的な構造デザイン手法として大学の研究室での主要な研究テーマとして位置づけ、実務上のパートナーである磯崎新さん、伊東豊雄さん、SANAA等とのコラボレーションを通して実作として具現化するべく構想したものである。

RC自由曲面シェルに挑む

　1999年4月、縁あって母校の名古屋大学大学院工学研究科教授に就任することになり、これをきっかけに構造設計者と教育・研究者という二足のわらじを履く立場から、構造デザインを理論と実践の両面から学際的にアプローチする新たな構造デザイン手法の構築に取り組みはじめた。そのおよそ40年前、同大学の松岡研究室でシェル空間構造の研究に取り組む一方でキャンデラによるHPシェルの造形的構造デザインに憧れる一学生であった僕にとって、その後の歳月は新たな造形的可能性を秘めたRCシェルの復活を切望する潜伏期間でもあった。大学就任を機にRC自由曲面シェルの構造デザインを真っ先に研究室の主要研究テー

マとしたのは自然な成り行きであった。

　いま思い返せば、RC自由曲面シェルの構想にいたるまでに２つの大きな動機があったように思う。ひとつは1993年のキャンデラとの対談を通して、ガウディの三次元逆さ吊り実験による重力場での合理的な構造形態を求める天地逆転の設計手法の真意を知り、改めてガウディに注目するようになったこと。もうひとつは1998年の磯崎さんとの「中国国家大劇院」のコンペでの苦い経験である。建築家の提示する複雑なスプライン表現の屋根曲面に対して、これまでの通常の順解析的なFEM解析と形状修正による試行錯誤を何度も繰り返す必要があるために多大な時間と労力を要し、こうした通常の経験的デザイン手法とはまったく別次元の構造デザイン手法が必要だと痛感したのである。

　こうした貴重な経験を背景に、2000年より佐々木研究室では、形態抵抗型構造の重力に対する「歪みエネルギーを最小化する」という力学的視点から、最適なRC自由曲面シェルの構造形態を理論的に求める「感度解析手法」の研究を本格的に開始し、2001年には実用の目途が立つまでにいたる。2002年には現実の構造デザインに応用してみようと考え、その最初の応用例が、フラックスストラクチャーの一番の理解者であった磯崎さんとの「北方町生涯学習センターきらり」（2006年）である。初めての試みであったので使いこなすのにはそれなりに苦労をしたけれど、この記念すべき応用例を通して、感度解析手法が十分にデザインツールとして使えるという実感を得ることができた。

　ここで根本的な話として、古典的な幾何学シェルから現代的な自由曲面シェルへのステップアップがなぜ現代において必要かについて述べておきたい。コンピュータの高度利用など、現代の設計環境は約半世紀前と比較してあらゆる面で進化を遂げている。こうした進歩を前提に、現代に生きる一構造デザイナーの立場から新しいRCシェルの実現に向けて２つの提案を行いたい。

　第一に、古典的な幾何学的曲面に固執しないこと。コンクリートの可塑性を最大限に生かした自然で自由な形態による造形的シェルもいまや夢ではない。第二に、膜応力状態に固執しないこと。わが国のような地震国でシェルを実現する場合、一様な重力（自重）だけを対象とする欧米のシェルとは根本的に設計上の荷重条件が異なり、地震力（水平＋上下）にも抵抗できる耐震的シェルとして曲げ応力への配慮が必要不可欠であるからである。

　つまり、適切に設計されたRC自由曲面シェルならば一様な重力（自重）以外に積雪時の偏在荷重や地震荷重（水平＋上下）など多様な荷重に抵抗できるような、強度と靭性を併せもったリダンダンシーに富んだシェル構造とすることも可能である。それは力学的合理と設計論理のあん配・さじ加減であり、座右の銘「構造美は合理の近傍にある」が教えるところであって、僕のRC自由曲面面シェルの構造設計の立ち位置となっている。一般に非線形問題では多くの局所解の可能性があるけれど、幸いに感度解析手法は初期設定値に比較的近い局所解に収束する性質があるので、建築と構造の両面からで目標とする望ましい曲面に近い初期形状を適切に設定することが肝要である。ここに本質的に問われるのは、初期形状の設定における建築家や構造家の建築的・構造的感性であり、最終形状の決定における審美的・工学的判断である。つまるところ「構造デザインの美学である」というのが僕の結論である。

　RC自由曲面シェルの実現例は、「きらり」を筆頭に、「福岡アイランドシティ中央公園中核施設 ぐりんぐりん」（伊東豊雄 2005年）、「瞑想の森 市営斎場」（伊東

豊雄 2006年)、「ROLEXラーニングセンター」(SANAA 2009年)、「豊島美術館」(西沢立衛 2010年)、「川口市めぐりの森」(伊東豊雄 2018年)等、計6作品にのぼる。これらのRC自由曲面シェルの実現に僕を駆り立てた最大のモチベーションは、半世紀前に姿を消したRCシェルの世界に自由と自然を目標に新たな生命を吹き込み、現代の建築界に復活させたいという50年来の夢と願望であったと思う。

建築人生を振り返って

2011年のSANAA、さらには2013年の伊東豊雄さんのプリツカー建築賞授賞式の折には、お二人ともに授賞式のスピーチで僕の功績を称え、丁寧に紹介していただいたことは構造家冥利に尽きる出来事であり、いまでもそのときの高揚感が鮮やかに思い出される。

プリツカー賞授賞式にて

トロハメダル賞授賞式にて

また、2023年7月には国際シェル空間構造学会(IASS2023)から国際的にもっとも名誉ある構造エンジニアの賞とされるトロハメダルを受賞。その受賞理由は「革新的なコンピュータ構造最適化手法を用いてRC自由曲面シェルを開発・設計し、著名な建築家と協働して日本および世界中で注目されるシェル空間構造を設計し、そして教育と学術研究においてもすぐれた業績を残した、構造エンジニアとしての並外れたキャリアに対して授与する」とのことであった。これまでの日本人受賞者は坪井善勝(1976年)、川口衛(2001年)、斎藤公男(2009年)のお三方で、いずれもシェル空間構造分野のプロフェッサー・エンジニアで日本を代表する世界的構造家である。

いまや学生時代から今日まで追い求めてきた夢も叶い、改めて僕の建築人生を振り返ってみると、大学の恩師・松岡理先生および実務の恩師・木村俊彦先生をはじめ、キャンデラや川口衛先生などのすぐれた先輩構造家、それと磯崎新さん、伊東豊雄さん、SANAA(妹島和世さん、西沢立衛さん)などパートナーとしてお付き合いしてきたすぐれた建築家諸氏、そして多くの優秀なスタッフや学生たちとの出会いによって長年の夢も実現できたのであり、こうした多くの方々に心から感謝の意を表したい。

このたびグラフィック社の三井渉さんの熱心な推奨もあって、現代構造デザインに関心をもつ建築読者向けの作品集として、一冊の本をまとめる機会を得た。本作品集では、1995年から2024年までのプロジェクトの中から主要な30作品を時系列的に選出し、新たな現代構造デザインの可能性を紹介している。作品の内訳は骨組構造の系譜が18作品、空間構造の系譜が12作品となっている。本書が現代構造デザインの良き案内書となれば望外の喜びである。最後に、本作品集の企画から出版にいたるまで惜しみない尽力と協力をしていただいた多くの方々に心からお礼を申し上げたい。

目次

構造デザインの美学　佐々木睦朗　　　　　　　　　　　　　　　5

1　大社文化プレイス　TAISHA CULTURAL HALL　　　　　　　　　12

2　国際情報科学芸術アカデミー マルチメディア工房　MULTIMEDIA WORKSHOP　　　20

3　飯田市小笠原資料館　O-MUSEUM　　　　　　　　　　　　28

4　せんだいメディアテーク　SENDAI MEDIATHEQUE　　　　　　36

5　山口情報芸術センター　YAMAGUCHI CENTER FOR ARTS AND MEDIA　　52

6　中国国家大劇院　NATIONAL GRAND THEATER (UNBUILT)　　　　60

7　金沢21世紀美術館　21ST CENTURY MUSEUM OF CONTEMPORARY ART, KANAZAWA　　66

8　ルイ・ヴィトン表参道ビル　LOUIS VUITTON OMOTESANDO　　78

9　まつもと市民芸術館　MATSUMOTO PERFORMING ARTS CENTRE　　86

10　北方町生涯学習センターきらり　KITAGATA TOWN COMMUNITY CENTER　　96

11　フィレンツェ新駅　NEW FLORENCE STATION (UNBUILT)　　104

12　アイランドシティ中央公園中核施設 ぐりんぐりん　ISLAND CITY CENTRAL PARK 'GRINGRIN'　112

13　ツォルフェライン・スクール　ZOLLVEREIN SCHOOL OF MANAGEMENT AND DESIGN　130

14　ニューミュージアム　NEW MUSEUM OF CONTEMPORARY ART　　138

15　上海ヒマラヤセンター　HIMALAYAS CENTER　　　　　　146

16　瞑想の森 市営斎場　'MEISOU NO MORI' MUNICIPAL FUNERAL HALL　　152

17　多摩美術大学図書館 (八王子キャンパス)　TAMA ART UNIVERSITY LIBRARY (HACHIOJI CAMPUS)　164

18　豊島美術館　Teshima Art Museum　　　　　　　　176

19　カタール国立コンベンションセンター　QATAR NATIONAL CONVENTION CENTER　188

20　座・高円寺　A-KOENJI PUBLIC THEATRE　　　　　　198

21　ROLEX ラーニングセンター　ROLEX LEARNING CENTER　　206

22　国立台湾大学 社会科学部棟　NATIONAL TAIWAN UNIVERSITY, COLLEGE OF SOCIAL SCIENCES　224

23　軽井沢千住博美術館　HIROSHI SENJU MUSEUM KARUIZAWA　　232

24　すみだ北斎美術館　SUMIDA HOKUSAI MUSEUM　　　240

25　グレイス・ファームズ　GRACE FARMS　　　　　　248

26　川口市めぐりの森　赤山歴史自然公園　歴史自然資料館・地域物産館　　258
　　'MEGURI NO MORI' KAWAGUCHI CITY FUNERAL HALL, AKAYAMA HISTORIC NATURE PARK INFORMATION CENTER, REGIONAL PRODUCTS CENTER

27　新青森県総合運動公園陸上競技場　SHIN-AOMORI PREFECTURAL COMPREHENSIVE ATHLETIC STADIUM　266

28　大阪芸術大学 アートサイエンス学科棟　OSAKA UNIVERSITY OF ARTS, DEPARTMENT OF ART SCIENCE　278

29　京都市立芸術大学・京都市立美術工芸高等学校　KYOTO CITY UNIVERSITY OF ARTS AND KYOTO CITY SENIOR HIGH SCHOOL OF ART　286

30　あなぶきアリーナ香川 (香川県立アリーナ)　ANABUKI ARENA KAGAWA (KAGAWA PREFECTURAL ARENA)　298

伊東豊雄インタビュー　　　　　　　　　　　　　124

妹島和世＋西沢立衛 / SANAA インタビュー　　　　　218

協働の新たなステップ (インタビューを通して考えたこと)　難波和彦　　311

建築データ / クレジット　　　　　　　　　　　　315

1 | 大社文化プレイス　TAISYA CULTURAL HALL | 伊東豊雄 TOYO ITO | 1995-1999年　島根県出雲市

島根県大社町にあるホール棟および図書館棟からなる複合施設であり、このコンペを機に伊東豊雄さんとのパートナーシップの第一歩をスタートさせたプロジェクトである。屋根全体をゆるやかなカーブで連続した鉄骨の大屋根で軽快に覆うという意匠計画に対応した構造計画とした。

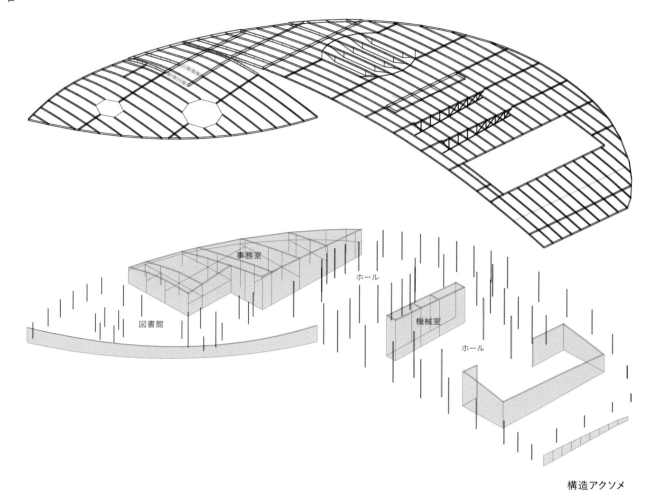

構造アクソメ

徹底して合理化された構造計画

　ホール棟の舞台や2階部分をもつ機械室、事務室などのゾーンを利用して、RC造(一部SRC造)の耐震壁付ラーメン構造による強固な構造体を設定し、上部の鉄骨屋根架構を支える下部構造とするとともに耐震的な主体構造としている。標準的な断面は柱500×500mm〜750×750mm、大梁500×750mm、耐震壁150〜250mm程度である。次に、鉄骨の大屋根をいかに合理的に構成するかは、施工性や経済性の点から重要な課題である。そのために屋根面の幾何学をできる限り単純化して、基本的に3つの曲率半径の組合せからなる一方向曲率の円弧で屋根面全体を形成する。

　この明快なジオメトリーの設定に対応して、屋根架構は原則として一方向に円弧状の鉄骨梁を3mピッチで架け渡すことによって、単純明快な連続梁の並列集合として基本的な架構システムを構成している。一方向曲率であることから、屋根スラブではデッキプレートにコンクリートを打設するという施工上も合理的な工法が可能となり、合理的な鉄骨合成梁を形成している。

　このようにこの大屋根の構造は、システムとして統一したルールで徹底して単純化・合理化されている。また、跳出し部分などの特殊な部位については、鉄骨支柱(二重鋼管216φ)を支点として直交梁を設けるなどによって合理的に解決している。鉄骨断面は原則として既製のH形鋼(H-400×200×8×13〜9×22)とし、ホール上部など20mを超すような大スパン部分はトラスあるいは張弦梁などで対応している。

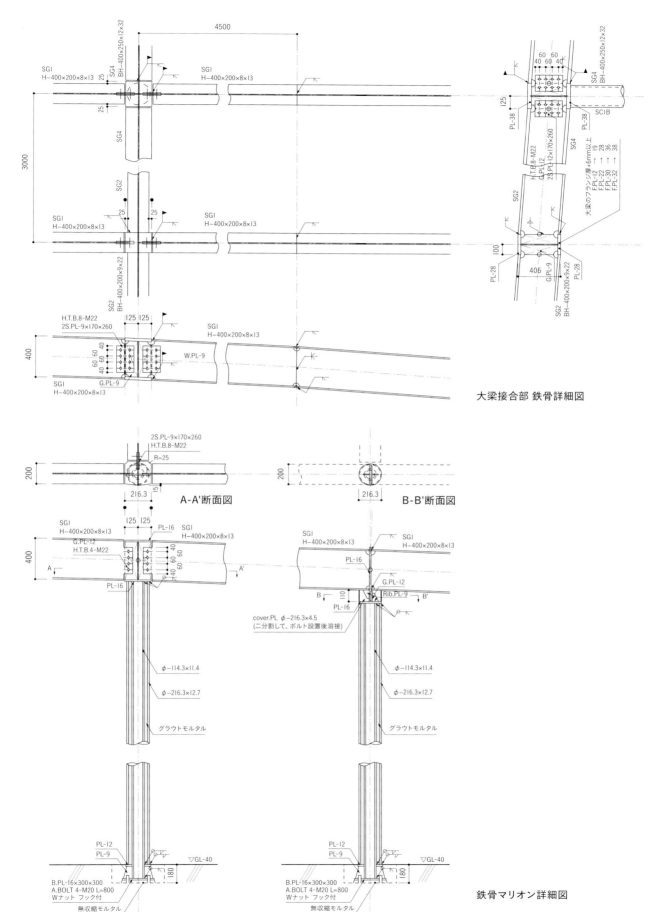

大梁接合部 鉄骨詳細図

鉄骨マリオン詳細図

上空より建物全景を見る

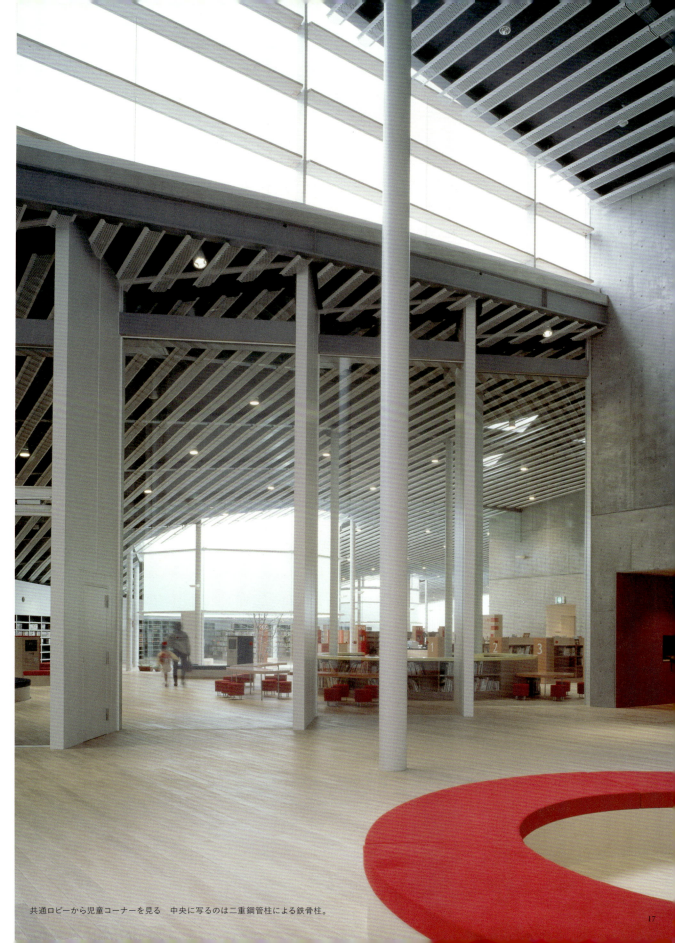

共通ロビーから児童コーナーを見る　中央に写るのは二重鋼管柱による鉄骨柱。

建物全景施工状況

ホール部分とファサードの
鋼管柱の建方状況

ジョイスト状に架けられた
鉄骨梁とファサードの柱

鉄骨マリオン(二重鋼管)建方　二重鋼管の柱とマリオンを一体にデザインした。

2 | 国際情報科学芸術アカデミー マルチメディア工房 MULTIMEDIA WORKSHOP | 妹島和世+西沢立衛／妹島和世

　岐阜県にある県立学校の付属施設でアーティストが一定期間滞在し、創作活動をするためのスペースとして計画された。

　妹島和世さん、西沢立衛さんとの初めての協働作品で、中間にトップライトを挟みながら1枚の連続した布のような軽やかで薄い構造体（厚さ20cmほど）により約30m四方の屋根面を覆いたい、という二人のイメージを損なうことなく連続した屋根面を実現するために、構法上にも容易に施工可能な、合理的な構造方式を考案することを構造計画の主要テーマとした。

事務所　KAZUYO SEJIMA + RYUE NISHIZAWA/KAZUYO SEJIMA & Associates　│　1995-1996年　岐阜県大垣市

屋根のリブの間から光が差し込む光庭

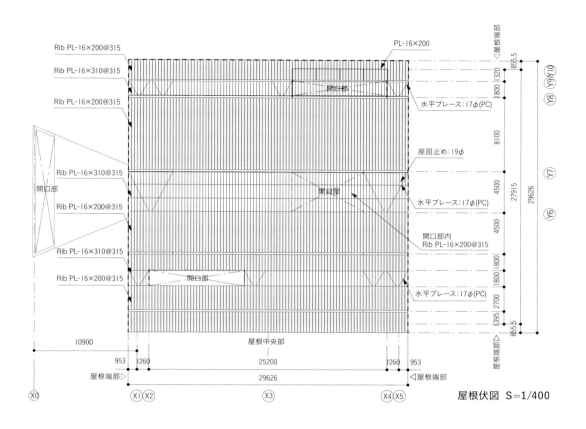

屋根伏図 S=1/400

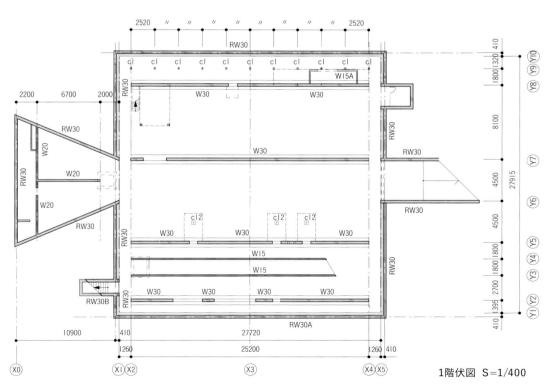

1階伏図 S=1/400

構造計画

ここでは造船技術を参考にして、以下のような単純な一方向リブと薄板鉄板の組合せによる溶接構造を考案した。具体的には、内部スパン8〜9m、持ち出しスパン2.7mの支点間距離に対して、PL-16×200mmの鋼製リブプレートをジョイスト状に31.5cmピッチでワンウェイに架け渡したものを基本構造とし、それらを薄い鉄板でなめらかにつなげることによって、全体として連続した屋根面を構成している。

ここに半球面部分は一方向曲率の単純な円弧状のリブを微妙にずらしながら並行に配置し、次に隣り合うリブ相互の上面をなめらかにつなぐ補助材として加工の容易な厚さ6mmの鉄板屋根を考え、それを微妙にねじらせながらつないでいくことで直交方向の曲面を形成するという、デリケートであるが単純な構法で、意匠上求められた微妙な曲面を合理的に実現している。

鉄板屋根の標準部分は、リブと6mmの鉄板を溶接により一体化することで面内および面外の強度と剛性を合理的に確保している。光庭上部はリブプレートだけで構成されており、フラットバーや丸鋼でリブの横座屈を防ぎ、面内にはPCブレースを設けて所定の剛性を確保している。リブと鉄板の溶接ディテールは詳細図に示す方法によって製作を合理化し、また結果的に溶接による歪みを最小に抑えている。

このリブ付き鉄板屋根は運搬可能な単位（幅2.4m×長さ12m以下）とし、形状調整と精度確保を兼ねた定規代わりの特殊な構台にセットして溶接により一体のユニットとして工場製作される。現場搬入後はそのユニット相互を31.5cm分だけ間を空けて並べ、相互のリブの上に鉄板を載せて同様の方法で現場溶接を行っている。このように現場作業を減らすことで、鉄骨の精度を確保するとともに建方の合理化を図っている。

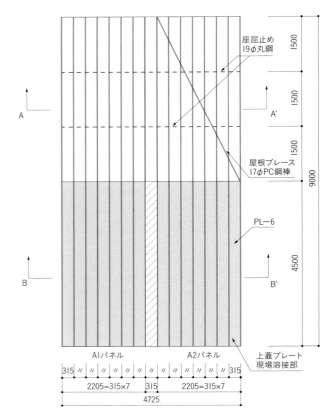

運搬用屋根パネル詳細図　S=1/100

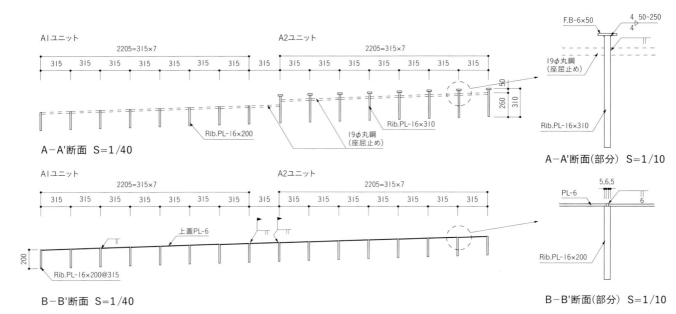

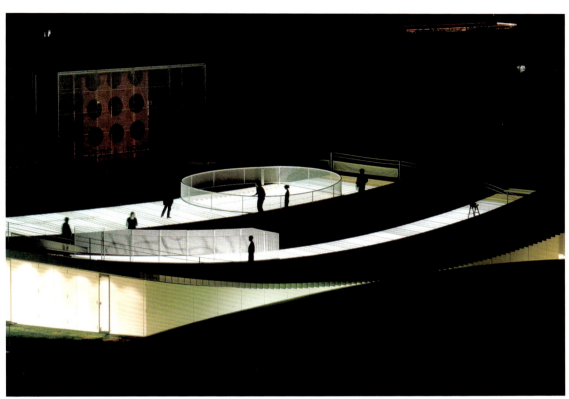

屋根を見る 円弧上のリブを少しずつずらしながら平行に配置することでゆるやかな三次曲面を構成している。

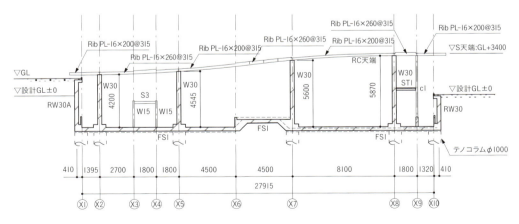

X3通り軸組図　S=1/300

鉄板屋根全景

鉄板屋根施工時　運搬が可能なサイズに分割された屋根パネルを現場で溶接、1枚の屋根にする。

鉄板屋根ユニット現場溶接部分　屋根は315mmピッチのフラットバーと鉄板で構成される。

3 | 飯田市小笠原資料館　O-MUSEUM │ 妹島和世＋西沢立衛／妹島和世建築設計事務所　KAZUYO SEJIMA + RYUE NISHIZAWA/KA

& Associates | 1995-1999年　長野県飯田市

　東京から車で約4時間ほどの山間部の地方都市に建つ資料館である。山際に沿うような細長いヴォリュームは、敷地にあふれる自然や地形や気候とできるだけ混じり合うよう非常にゆるいカーブを与えられている。そして、重要な歴史的遺構のひとつである敷地の形をそのまま残し視覚化するために、そのヴォリュームは少しだけ持ち上げられている。このことは同時に、資料館に収蔵される重要な収蔵資料を多湿な山際の地面から離し、良好な展示・収蔵庫環境の確保を可能にしている。

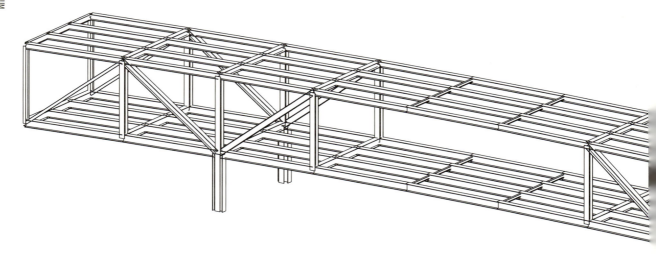

建物正面の大開口を見る

建物のピロティは、資料館のエントランスであり、来館者のちょっとした休憩スペースである。ピロティをくぐり抜けた人々は、建物と城山のすき間にあるスロープでエントランスホールへ導かれる。エントランスホールの両側には、常設展示室・特別展示室が並べて配されており、常設展示室と収蔵庫の間には休憩スペースがとられている。エントランスホールと休憩スペースは、両面がガラスの開口で、それぞれ書院、眼下に広がる田畑、そして後ろの城山を展望することができ、来館者は、展示物に合わせて、これら風景も展示の一部として、連続的に体験できるようになっている。（妹島和世＋西沢立衛、新建築、1997年7月号より一部引用）

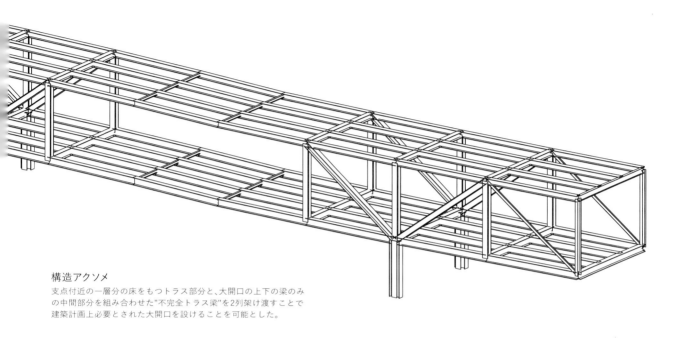

構造アクソメ
支点付近の一層分の床をもつトラス部分と、大開口の上下の梁のみの中間部分を組み合わせた"不完全トラス梁"を2列架け渡すことで建築計画上必要とされた大開口を設けることを可能とした。

ガラスの大開口部　ガラスの奥には旧小笠原書院を望む。

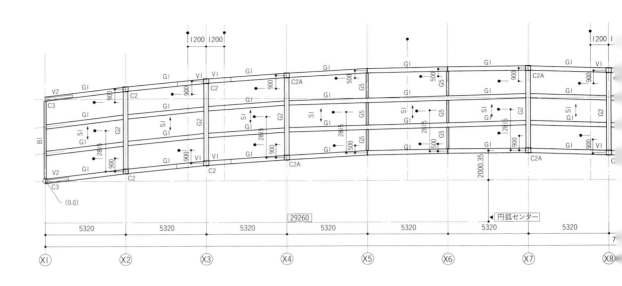

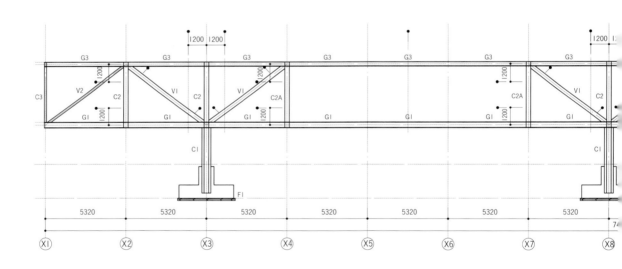

構造計画

　ゆるやかにS字状にカーブした幅5.6m×全長75mの細長い平面をもち、幅5.6m×高さ4.2mのチューブ状の断面をもつ主要な展示室階(2階)全体を、地上高さ3mまで完全なピロティ形式で持ち上げた地上2階建ての鉄骨造建築である。この2階部分のチューブ状のボックス構造をいかに軽快に持ち上げ、従来の大スパン方式とは一味違う構造システムとするかを、構造デザインの主要なテーマに設定した。

　長手方向の構造は、力学的には両端に10.64mのキャンティレバー、中間に26.6m×2スパン分をもつ連続梁であり、通常は大スパン方式として両側面に一層分のせいをもつトラス梁2列を架け渡し、短辺方向に普通の梁を架けたような定石通りの案が採用されることが多い。ここでは、この建築のもつべきスケールに応じた軽快でや

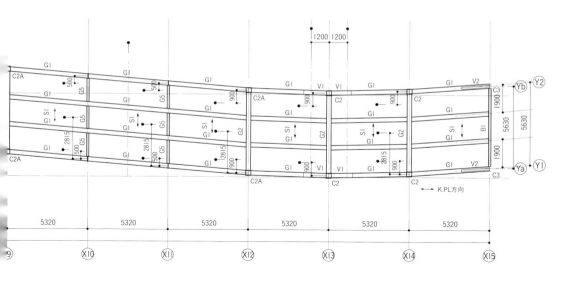

2階床伏図 S=1/250
長手方向に連続するように梁を配置したことで、小さな部材で繊細に、スパン中央の2つの大開口を実現した。

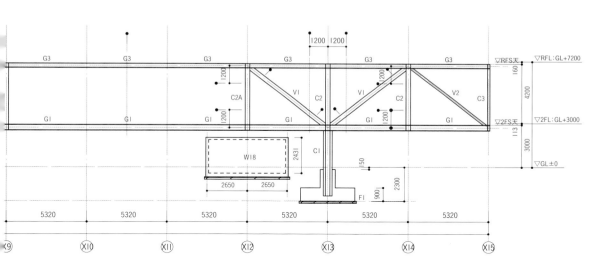

Y1通り軸図 S=1/250

わらかな構造方式として、支点付近の一層分のせいをもつトラス部分と大開口の上下の梁（R階がH-300×300、2階がH-400×300）だけの中間部分を組み合わせた不完全トラス梁2列を架け渡し、支点付近のトラス部分の縦材（2階の柱H-300×300）を短辺方向に強軸とするラーメンを構成して、その大梁に直行してジョイスト小梁を架け渡すという、変則的ではあるが合理性をもつ新しい形式の大スパン方式を採用している。

結果としてR階が300mm、2階が400mmの梁せいに統一され、スパンの割には軽快なチューブ構造が形成されている。ここに耐震構造上、1階のピロティは両方向とも十字柱をもつ通常のラーメン構造、2階は短辺方向をラーメン、長辺方向を偏心ブレース構造としている。

O-MUSEUM

鉄骨建方外観① スパン10.64mのキャンティレバー部。

鉄骨建方外観② 端部から全体を見る。

不完全トラス部の鉄骨架構① 2列の不完全トラスは床の外形に沿って、ゆるやかなカーブに沿うように配されている。

不完全トラス部の鉄骨架構② 2階の柱は強軸が短辺方向を向いており、短辺方向はラーメンを形成する。

建物外観を南東から見る　10.64mのキャンティレバーが軽快に伸びる。

4 | せんだいメディアテーク SENDAI MEDIATHEQUE | 伊東豊雄 TOYO ITO | 1995-2000年　宮城県仙台市

仙台市のほぼ中心部に位置した、定禅寺通りの美しいケヤキ並木に面して計画された。本建物は美術ギャラリー、図書館、メディアセンターといった複合用途をもつ施設で、建物の規模は地下2階/地上7階建てとする。軒高は約31.3m、各階の平面規模は約50m四方、延べ床面積は約21500m²である。

人間、自然、および電子的な流体を統合する場としての新しい建築型を提案したもので、メディアごとに異なるコミュニケーションの場を図式化した7枚のプレートと、これを組織化する13本のチューブ、および環境をコントロールする被膜としてのスキン、これらを建築・構造・設備すべてにわたって統合した明快な建築構成に特徴がある。

この明快な建築的意図を最大に反映する実現可能な構造システムとして、また未来型多層建築の究極的構造モデルとして、建築を規定するプレートとそれを支えるチューブだけで構成された、ミニマルでピュアな鉄骨造によるドミノシステムを構造的に提案したものである。

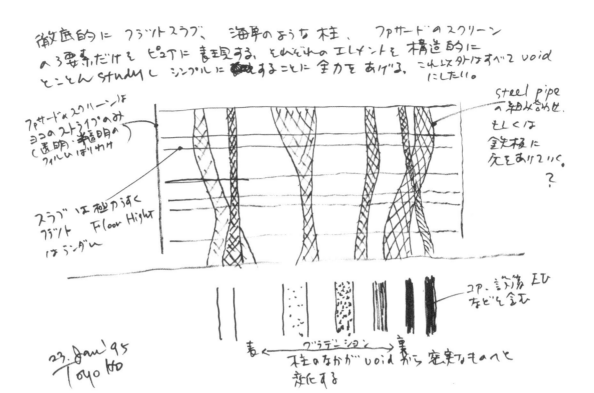

伊東豊雄の初期スケッチ

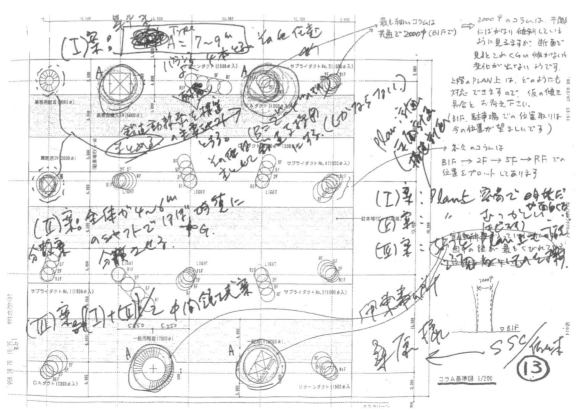

佐々木による回答スケッチ

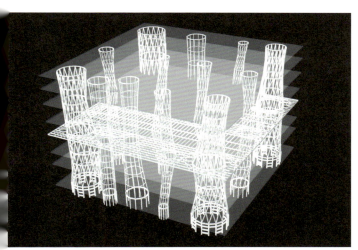

構造コンセプト

構造コンセプトの立案

コンペティションのもっとも早い時期に建築家の伊東豊雄さんから建築的ヴィジョンを表現した1枚の衝撃的なスケッチを受け取る。不定形なチューブが海藻のようにゆらゆらと揺れながら数枚の薄いプレートを支えているという、およそ現実離れをしたものであった。しかし詩情あふれるその1枚の絵には僕の想像力をかきたてる強烈な力が存在していた。それはすぐれて抽象的な建築概念であり、それを実現するための相対概念である構造コンセプトの立案を挑発する力でもあった。

未来型建築の究極的モデルとして、建築を規定するプレートとそれを支えるチューブだけで構成された、ミニマルでピュアな構造システムを提案すること。制御機構をもつ進化した人工生命体のような構造のイメージ。知識と経験を総動員することで意識の内で構造的イメージがはっきりとした輪郭を持ち出し、可能と不可能の差を峻別するスリルに満ちた幸福なときが訪れる。微小部材による立体的な分散構造など微細な構築を当時の研究テーマにしていたこともあって、細径の鋼管によるHP状のラチスシェルで透明なチューブを構成し主体構造とすること、地階に地震エネルギーの吸収機構を設けること、鋼製サンドイッチ版構造で極限に薄い床を構成することなどの基本的な構造コンセプトを提案した。

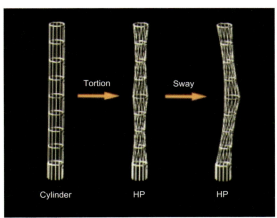

小チューブ（TB1〜TB3）の幾何学

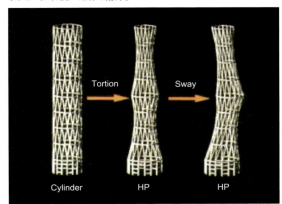

大チューブ（TA1〜TA4）の幾何学

主体構造＝チューブ

チューブ（鉄骨独立シャフト）は、極限まで透明で繊細にするために微細な鉄骨部材で構成された分散的な立体構造とする。大小合わせて計13本の独立シャフト（直径2〜9m）は、細径厚肉鋼管（径139.8〜241.8mm、肉厚9〜39mm、FR鋼）を用いてチューブ状の立体構造を構成することによって、床を支えると同時に耐震構造体でもある主体構造を形成している。

これらのうち4本の太径の主要チューブ（TA1〜TA4）は耐震的に塔状のキャンティレバーとして働き、地下1階を靭性型のラーメン構造、地上部を強度型の単層トラスによるHPシェルとすることによって、構造的に高い強度と剛性を確保しながら、強靭でしなやかな主体構造を実現している。これらの4本の主要チューブは各階とも偏心によるねじれの生じにくいように平面的にバランスよく四隅に配置されている。上記以外の9本の小径チューブ（TB1〜TB3、TC1〜TC6）は水平力に対してほとんど寄与せず、主として鉛直荷重を支持する支柱として平面的に適切に配置されている。

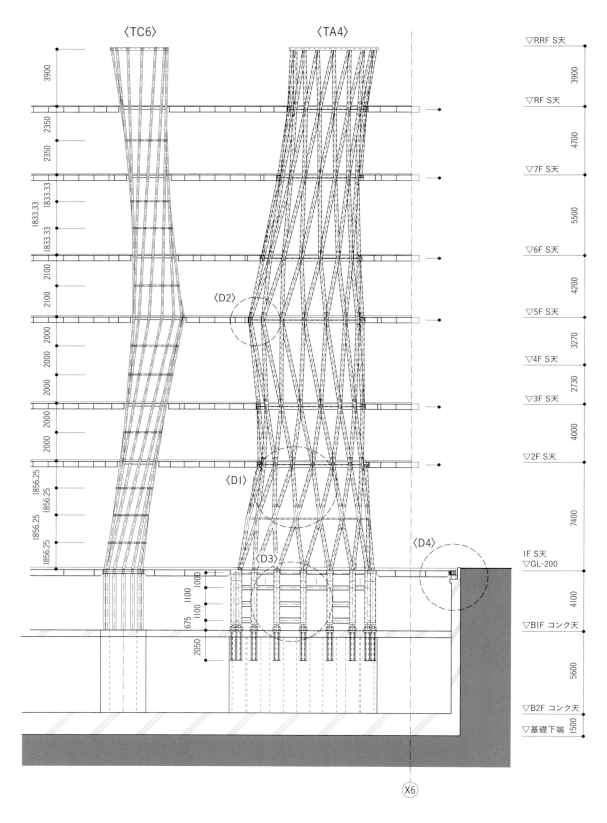

Y1〜Y2通り軸組図 S=1/250

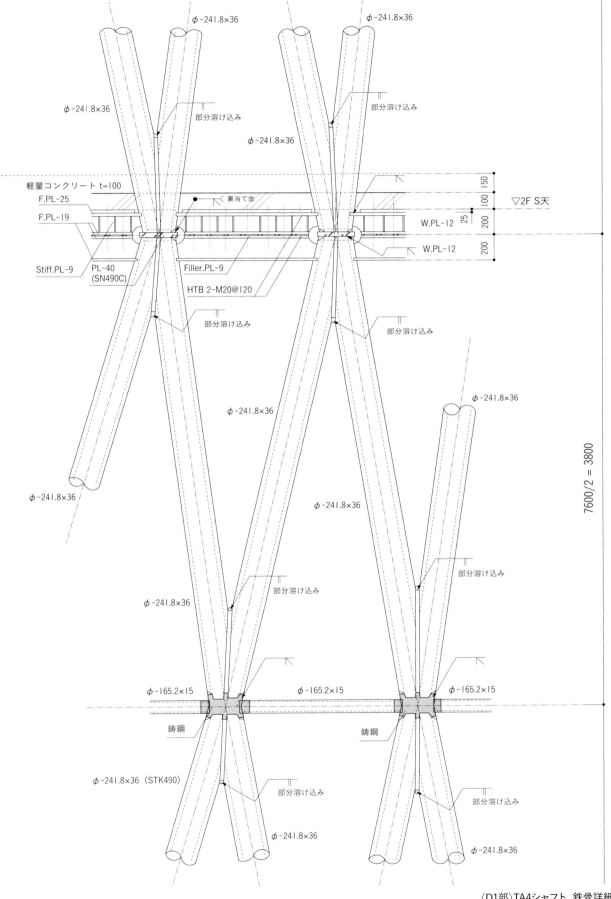

〈D1部〉TA4シャフト 鉄骨詳細図

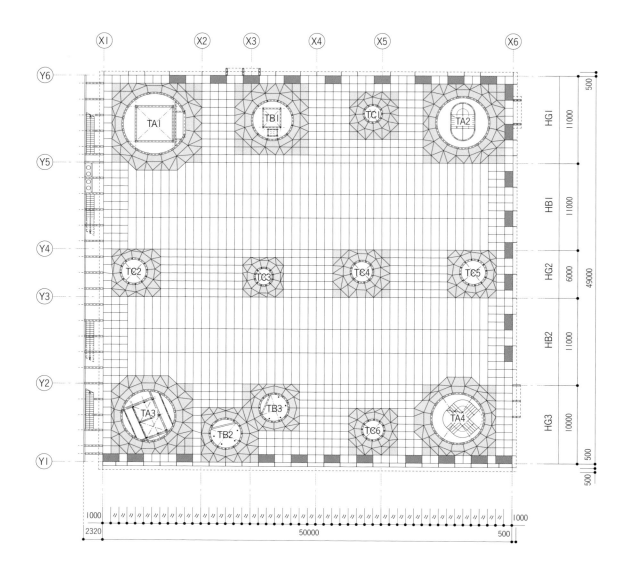

6階鉄骨フラットスラブ 鋼板割付図

床組構造＝プレート

　プレート(鉄骨フラットスラブ)は、強度上の問題はもちろん、たわみや振動の問題を考慮した上で、スパン約20mに対して極限まで薄くすることが要求された。そこで効率のもっとも高い鋼板サンドイッチ構造(デプス40cm、格子間隔100cm、一般部鉄板厚4.5～12mm、デスク部16～25mm)を採用し、上面には軽量コンクリート(厚7cmもしくは10cm)を打設してシアコネクタを介して一体化している。

　この鋼板サンドイッチ構造は、13本のチューブで単純支持された50m四方の無梁版構造の応力分布状態に応じて次の3つのゾーンにシステムを整理している。すなわち、チューブ周辺のデスクゾーンHD1、HD2(支点近傍で主応力方向に応力伝達される応力が集中するゾーン)、短チューブをつなぐ柱列ゾーンHG1、HG2、HG3（二方向に応力伝達されるゾーン)、柱間ゾーンHB1、HB2（ほとんど一方向に応力が伝達されるゾーン）である。

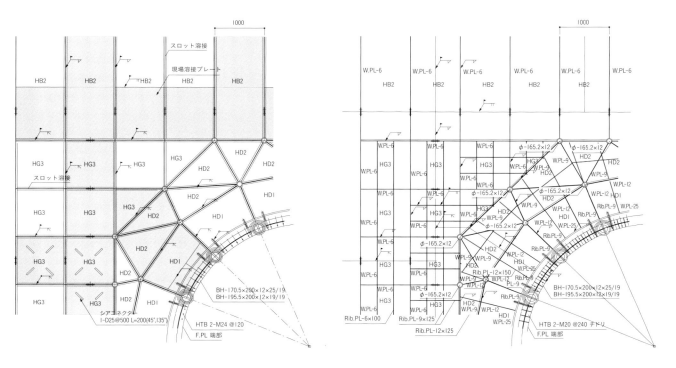

〈D2部〉鉄骨フラットスラブ 上部フランジプレート詳細図

〈D2部〉鉄骨フラットスラブ 下部フランジプレート詳細図

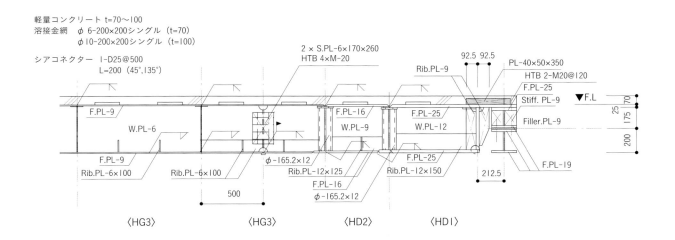

〈D2部〉鉄骨フラットスラブ断面詳細図

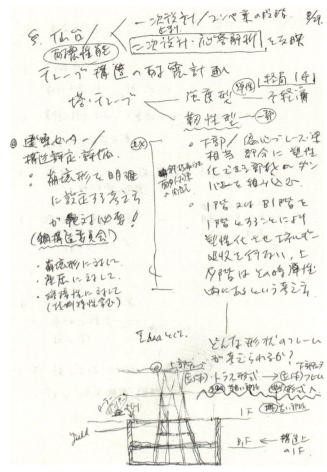

佐々木による耐震計画の初期スケッチ

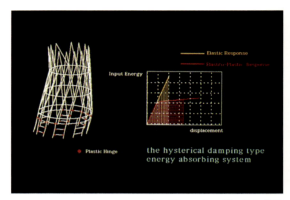

第一層のエネルギー吸収機構

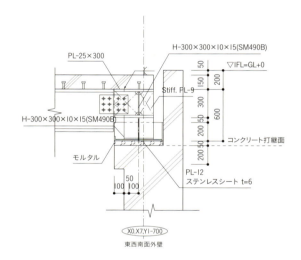

東西南面外壁

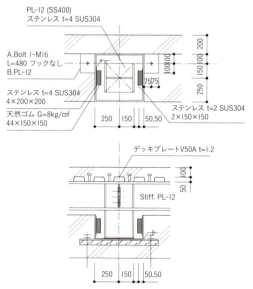

〈D4部〉1階床外周部 ローラー支持部詳細図

耐震計画＝地震エネルギーの吸収機構

　地下1階部分の主体構造に履歴減衰型のエネルギー吸収機構を導入していることが、耐震計画上の最大の特色である。

　まず、1階床組と地下外周壁を構造的に分離（鉛直方向のみ支持、水平方向はローラー支持）することによって、主体構造である鉄骨シャフトの耐震上の第一層を地下1階とする。

　次に、強度型の地上部トラス系とは耐震性能的に対照的な靭性型のラーメン系に地下1階のシャフト構造を切り替えることによって、大地震時に入力される地震エネルギーを骨組の第一層で吸収してしまい、地下1階が降伏した後の上部構造へのエネルギー入力を軽減するというものである。

　ここに第一層のシャフトは円形平面をした立体ラーメンであり、この層に適切な剛性と耐力を確保するためと梁降伏型の崩壊メカニズムを明快にするために、中間に先行降伏する貫き梁を組み込んでいる。1階床組と地下外周壁の水平ローラー支持のディテールにある程度自由に滑らせた後に水平移動を止めるためゴム製の緩衝ストッパーを仕込んでいる。

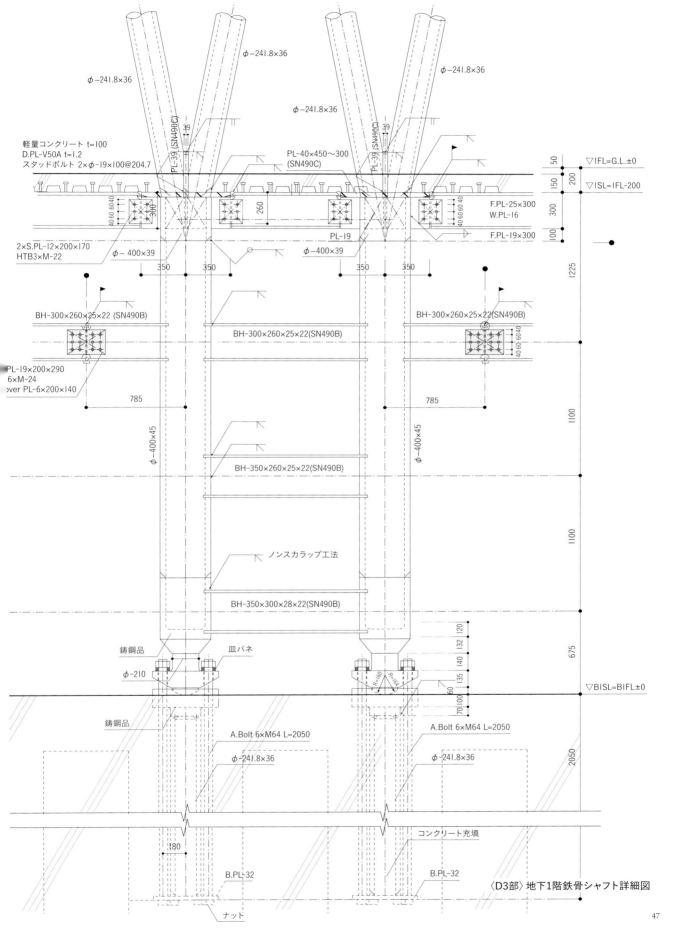

〈D3部〉地下1階鉄骨シャフト詳細図

工場にて現物を使って仮組を製作　その後、運搬可能なサイズにして現場まで運搬する。

地下1階のエネルギー吸収機構と1階チューブの建方

小径チューブの建方

2階床建方時（初めての鉄骨フラットスラブの建方）

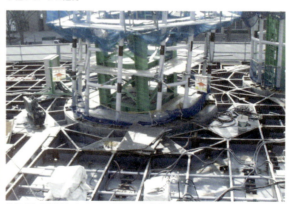

放射状に配置されたチューブ周りのリブプレート

太径の主要チューブ（奥）と小径チューブ（手前）

チューブ付近のプレートの溶接および歪み取り状況

鉄骨建方(各層ごとにチューブを積み上げている)

太径の主要チューブの建方

建方全景

5 | 山口情報芸術センター YAMAGUCHI CENTER FOR ARTS AND MEDIA | 磯崎新 ARATA ISOZAKI | 1996-2003年 山口県山口市

　山口市の市街地である湯田温泉と山口駅、市庁舎など市の中心部を結ぶ場所にある複合施設。図書館、数種のスタジオおよびそれらを保管・発展させる諸室からなる。曲面大屋根架構と微小鉄骨部材を用いた耐震グリッドからなるその空間は、大きなヴォリュームを必要とするスタジオや閲覧室などの主要諸室は大屋根の下に長手方向に配置され、大屋根に平行して両サイドに付属するスパン９ｍ、桁行4.5mで形成される空間に事務室などが配置されている。

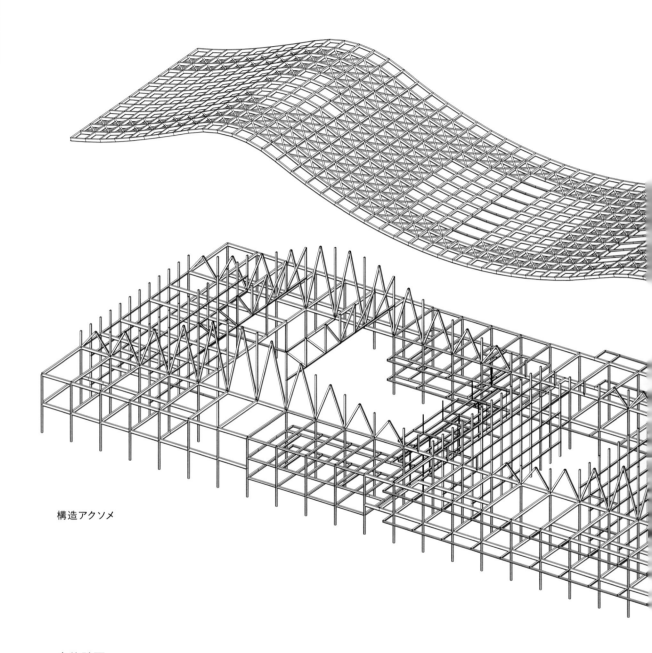

構造アクソメ

全体計画

　地上3階/地下2階で、その規模は幅約45m、長さ約171m、最大屋根高さを約20m、地上構造は鉄骨造、地下構造および基礎構造は鉄筋コンクリート構造としている。

　ホールや図書館などで内部が長大な空洞となる本建物に対して、立体効果を利用することで、約25mスパンをわずか450mmせいの梁により支持する計画とした。また、短手方向を耐震的に補強する装置として微小鉄骨部材による耐震グリッドを建築プランに対応して設けることにより、結果として曲面屋根の主要鉛直支持要素となり、かつ主要耐震要素が全体にバランスよく配置された耐震計画となっている。さらに大規模建築であることから、2.25m、4.5m、9mの基本モジュールの導入や構造部材の単一化・均質化など合理的で明快な構造計画としている。

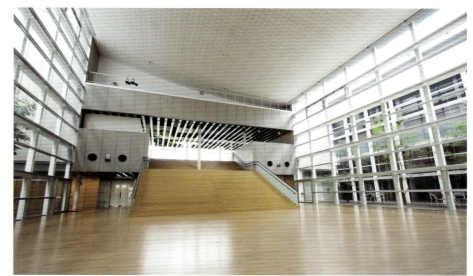

ホワイエ内観　耐震グリッドの先に光庭を見る。

55

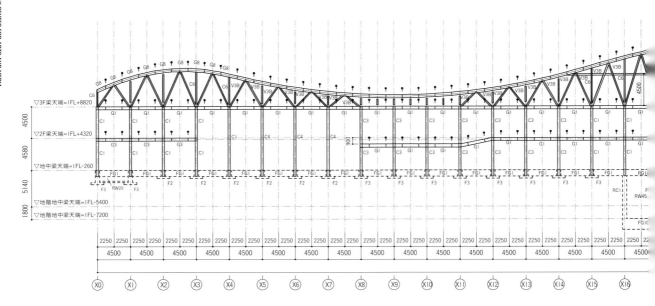

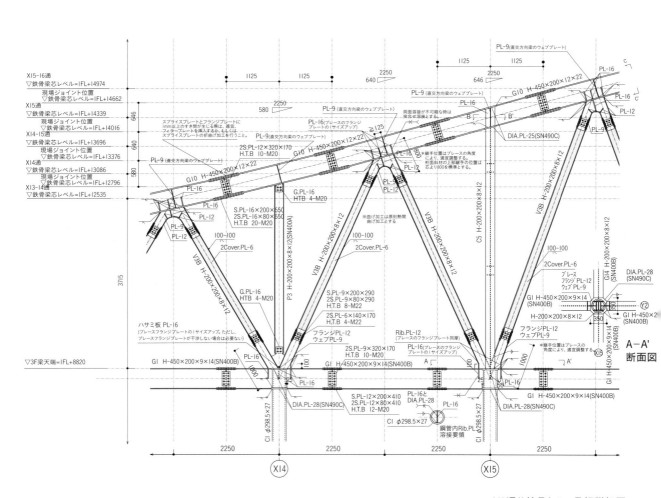

Y2通り鉄骨トラス骨組詳細図

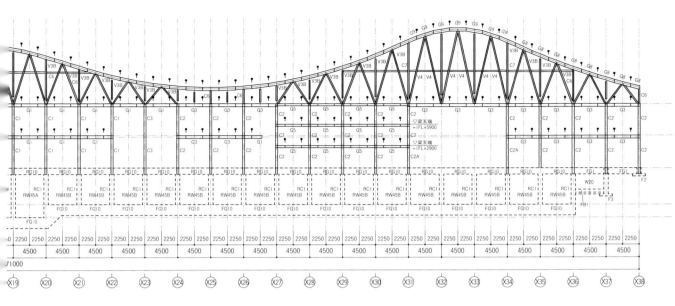

Y7通り軸組図
特記なき曲面屋根の部材はG10

曲面屋根架構

　建物長手方向になめらかにカーブする曲面屋根は、建築機能上必要とする天井高さを確保することによって得られるジオメトリー曲線を基本としている。その曲線は上凸と下凸形状が交互に連続しており、長手方向の圧縮力や引張力の軸力場を形成するアーチやサスペンション構造と、短手方向の曲げ応力場となるビーム構造によって一方向曲面屋根構造を形成している。

　この1枚の布状の曲面屋根は施工性と経済性を考慮して、基本グリッドを2.25m×2.25mとするH-450×200による格子梁組とし、軽量コンクリート造スラブおよび引張ブレースで屋根全体を一体化、カステン構造を形成することによって実現している。なお、長手方向の内側の2柱列のGL+10mから立ち上がる桁面のトラス構造(H-200×200)と、短手方向の4枚の耐震グリッドは曲面屋根を鉛直支持するとともに屋根面の地震力を適切に下部構造に伝達する役割を果たす。

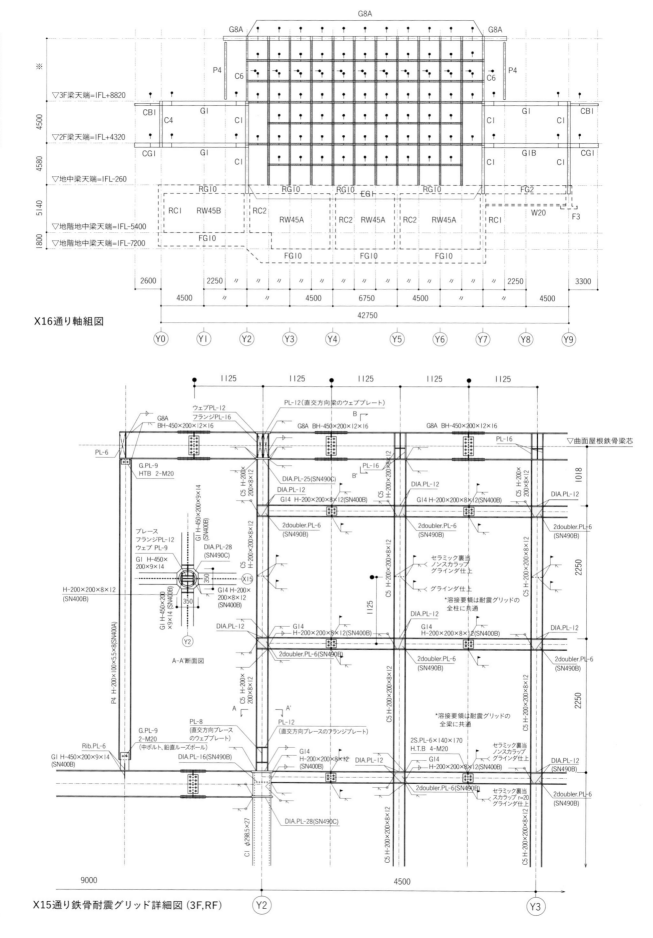

ラーメン架構と耐震グリッド

　主体構造は、長手方向の両サイドにスパン方向9m、桁行き4.5mピッチの標準的な2階建てラーメン構造(柱はCFT柱：鋼管φ300＋充填コンクリート、大梁は2階、R階ともにH-450×200)を有し、連続する曲面屋根の下部に位置するスパン25mの中央部分にはホールA・Bおよび図書館などの構造部分が長手方向に順次構成され、上述したような4枚の耐震グリッド(基本グリッドを2.25m×2.25mとするH-200×200による格子構造)が短手方向の耐震要素として適切に配置されている。

　なお、ホールA周りと建物妻面の閉じた壁面内のラーメン架構には偏心ブレース(H-200×200)を組み込み、耐震要素とした。

長手方向立面の二層ラーメンフレームの建方

光庭に面する耐震グリッド建方

長手方向鉄骨建方
先行して長手方向立面が建方され、その後、約25mスパンの屋根鉄骨の建方へと移る。

耐震グリッドおよび曲面屋根建方
この後、屋根面にコンクリートが打設される。

6 | 中国国家大劇院 NATIONAL GRAND THEATER | 磯崎新 ARATA ISOZAKI | 1998年 中国・北京市(UNBUILT)

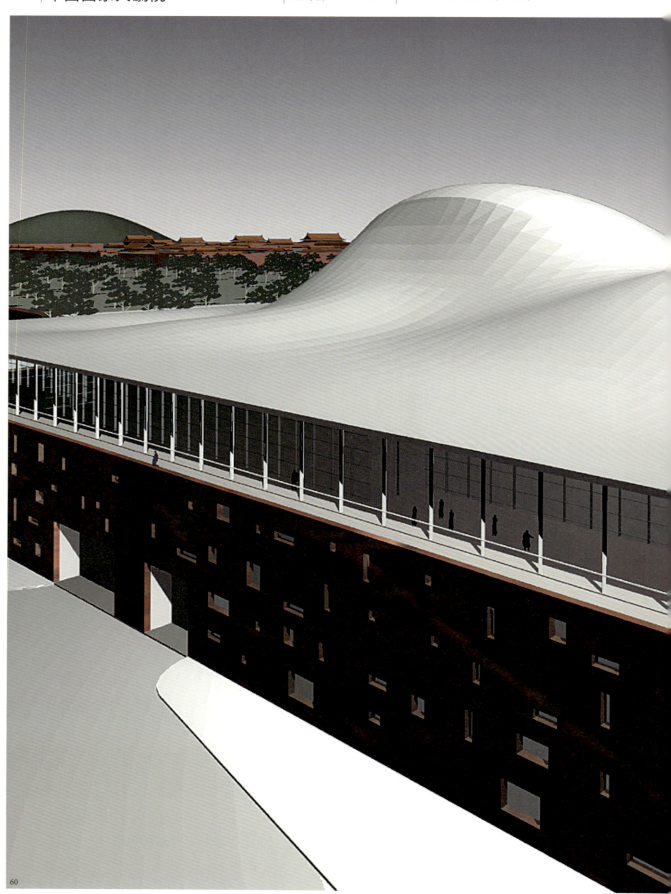

1998年に建築家の磯崎新さんと協働した、北京のオペラハウスのコンペティション。その後に提案する自由曲面の形態デザインの前哨戦とでもいえる、大きなきっかけとなったプロジェクトである。コンペは最終案まで残ったが、残念ながら政治的理由のため実現にはいたらなかった。

大屋根は150×225mの平面をすっぽり覆う格好になっており、大屋根を支える構造体として、オペラ、京劇、コンサートの各ホールの塊、ライトウェル、外周の列柱などがある。それらを支持点に、この大屋根を自由曲面のシェルとして設計しようとした。

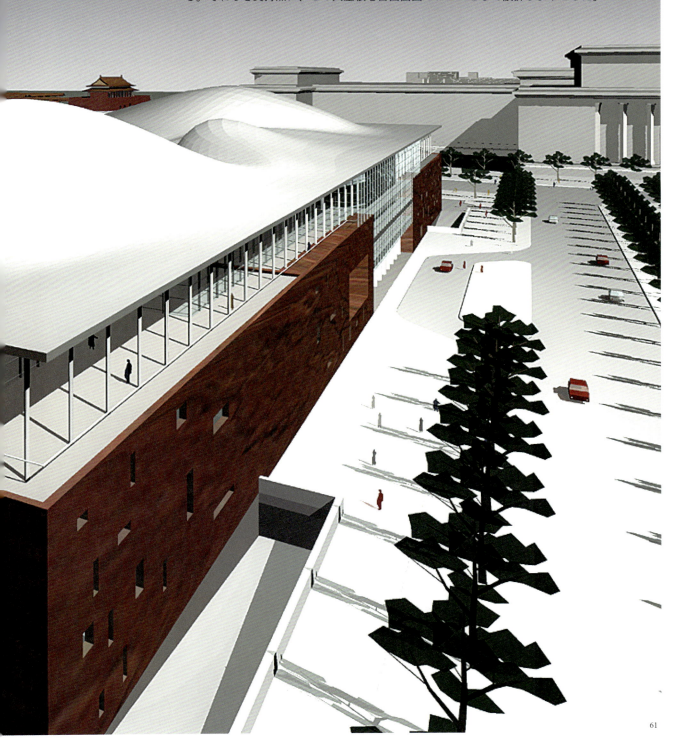

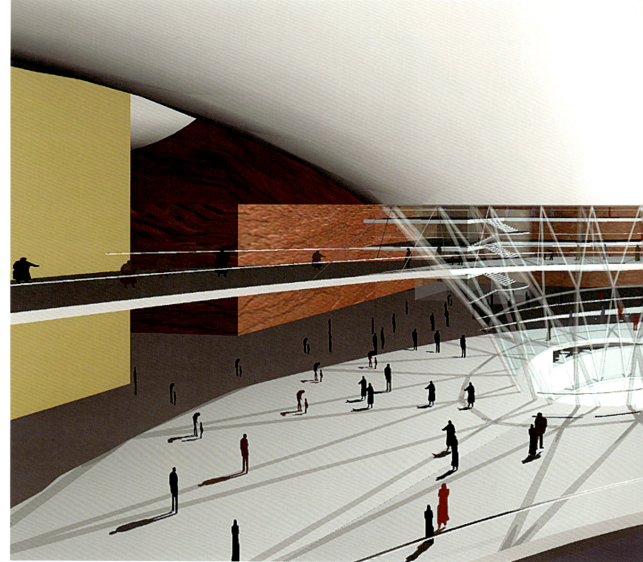

内観パース　曲面屋根とライトウェルを見る。

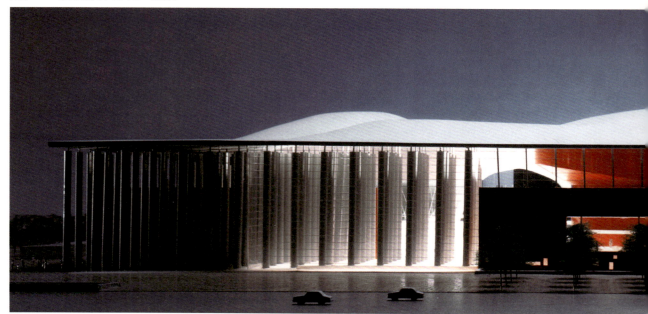

模型写真　天安門広場のスケールに合わせて軒のレベルを統一。

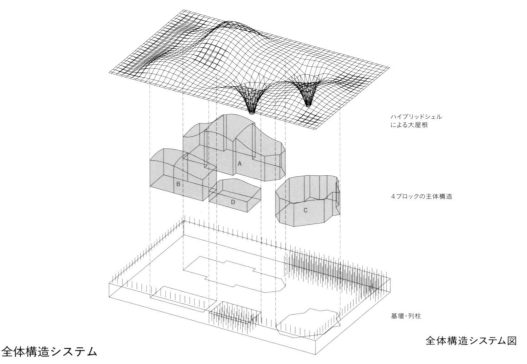

全体構造システム図

全体構造システム

　コンペティションにて提案した全体システムは、主として次の3つのシステムから構成される。
・ハイブリッドシェルによる大屋根
・4ブロックの主体構造(A オペラ、B 劇場、C コンサートホール、D ミニシアター)
・基壇・列柱

　湾曲した巨大な屋根は、基壇から立ち上がる4つの主体構造により鉛直・水平方向に剛に拘束され、主に膜応力による1枚の連続するハイブリッドシェルを形成し、その一部は地下部に力を伝達する2つの朝顔状の鉄骨ラチスシェルになめらかに連続している。なお、屋根の外周部分は、基壇から立ち上がる連続的な鋼管列柱によって鉛直支持する計画とした。

　ソリッドなボックス状の主体構造は、鉄筋コンクリート構造(一部鉄骨鉄筋コンクリート構造)の耐震壁付ラーメン構造とした。地下構造は主体構造のほか、10mスパンの均等ラーメンおよび強剛な地下壁で構成した。

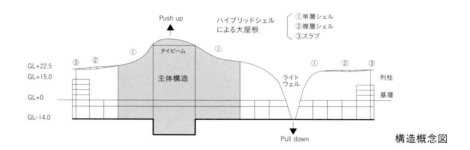

構造概念図

ハイブリッドシェルによる大屋根

　大屋根を構成する幾何学は、逆懸垂模型に近い重力場における自由曲面のイメージの形状をとることとした。つまり、コンピュータにより生成されたアモルフォシスな自由形態をもちながら、重力に対する形態抵抗型の力学的原理を併せもつ幾何学である。このような複雑な形態は、模型実験に代わる数値実験的手法を用いることで決定される。こうして極限まで力学的合理性を追及することによって、最小の断面で最大の空間を効率よく覆うミニマルなスペースストラクチャーとした。

　大屋根を構成するハイブリッドシェルの断面は力学的な機能に応じて、以下の3種類に分類した。
①単層シェル：主に膜応力(圧縮および引張軸力)で伝達される標準部分。
②複層シェル：膜応力と曲げ応力の作用する内部の曲率の浅い大スパン部分。
③スラブ：局部曲げ応力で伝達される周辺部のフラットな部分。

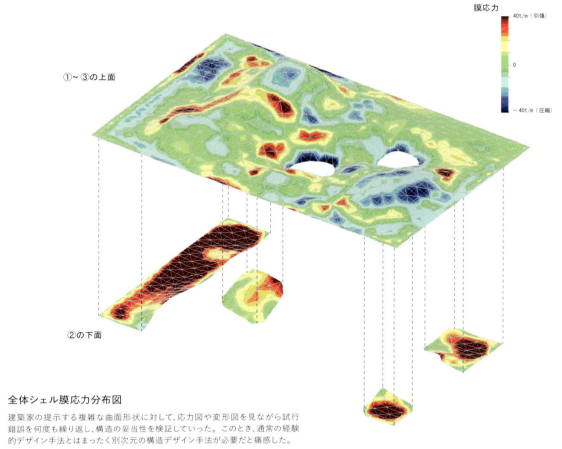

①〜③の上面

②の下面

全体シェル膜応力分布図
建築家の提示する複雑な曲面形状に対して、応力図や変形図を見ながら試行錯誤を何度も繰り返し、構造の妥当性を検証していった。このとき、通常の経験的デザイン手法とはまったく別次元の構造デザイン手法が必要だと痛感した。

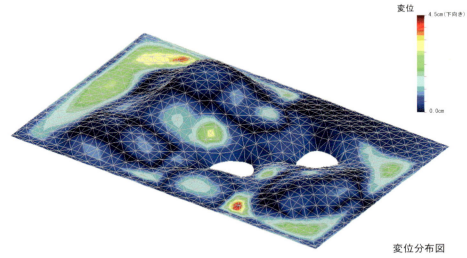

変位分布図

ハイブリッドシェルの構造解析

　Finite Element Methodにより、ハイブリッドシェルの構造解析を行った。曲面形状に応じて、膜応力と曲げ応力が連続的に変化していく様子が、応力図より読み取れる。曲率の大きい部分は膜応力が支配的であり、変形も小さくなっている。曲率の小さい大スパン部分は曲げ応力が支配的であるため、複層のサンドイッチ版とすることで、上面を圧縮応力、下面を引張応力とする応力場に変換している。外周のフラットな部分は、ハイブリッドスラブがそのまま局部曲げ応力を負担している。

7 | 金沢21世紀美術館 21ST CENTURY MUSEUM OF CONTEMPORARY ART, KANAZAWA | 妹島和世＋西沢立衛/SANAA KAZUYO SEJIMA

金沢市の中心部に位置する、市民との交流ゾーンを併せもつ「まちに開かれた公園のような美術館」である。多方向性＝開かれた円形デザイン、水平性、透明性をコンセプトとして組み込んだ4つの出入口をもつ円形の建物に、展示室やキッズスタジオ、市民ギャラリー、多目的シアターなどがほぼ水平に配置されている。壁面にガラスを多用することにより各施設、美術館の内と外をゆるやかにつなげ、まちに連続していく空間を創出している。

地下躯体工事の状況

地上鉄骨建方①

地上鉄骨建方②

地上鉄骨建方完了・スラブコンクリート打設

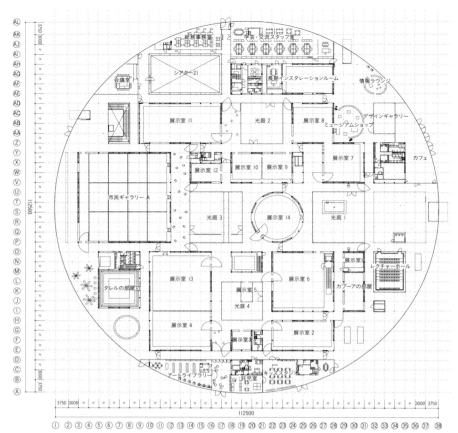

1階平面図

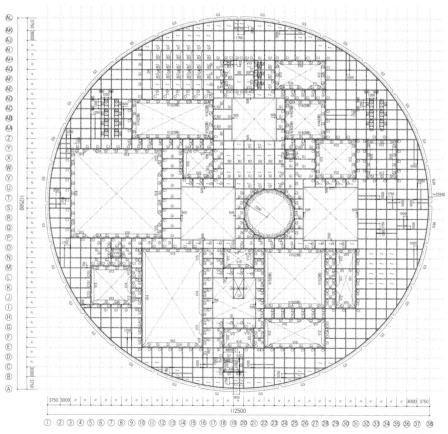

屋根梁伏図

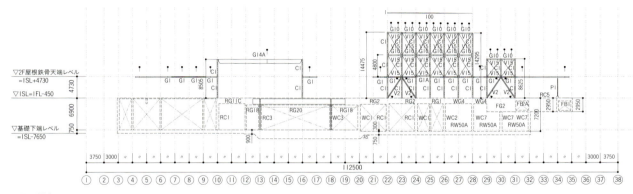

I通り軸組図

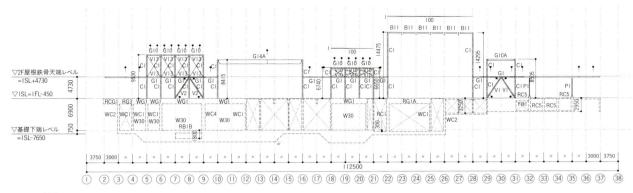

M通り軸組図

細い柱、薄いスラブと飛び出たヴォリューム

73

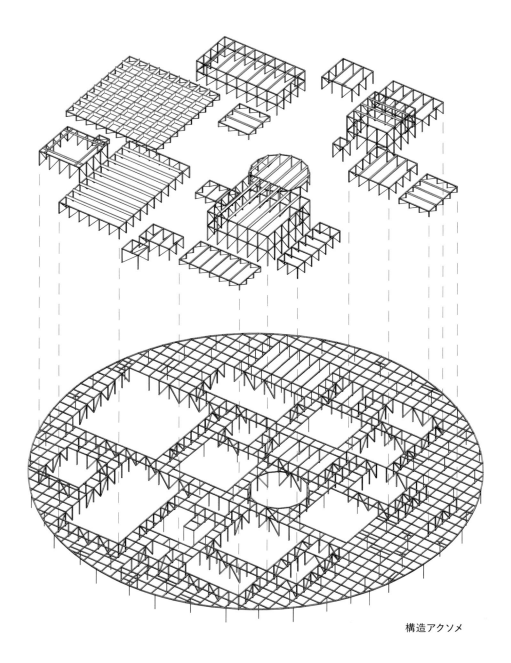

構造アクソメ

全体計画

　建物は、直径約110mの円形平面の地上部(地上2階)と、矩形平面の地下部(地下2階)で構成されている。地下階から1階床までを鉄筋コンクリート造、それより上部を鉄骨造としている。地上部は、GL+4.38mレベルの円盤状の屋根から、大小さまざまな大きさのボックス状の構造が突出しており、この建物の特徴的な外形をつくり出している。

　円盤状の屋根とボックスの壁は、厚さ200mmの薄い一様な連続面で構成されている。これらの連続面は、3mを基本グリッドとした200mmのH形鋼(H-200×200)からなり、壁の頂部でボックスの屋根に連続している。3mの基本グリッドの導入や構造部材の単一化・均質化を図ることにより、建物全体を合理的で明快な構造計画とした。

耐震計画

円盤状の屋根に覆われるエリアをできる限りオープンな空間とするために、このエリアには、耐震要素を一切配置せず、建築機能上閉じられる展示室の壁面内部に組み込まれた耐震ブレースで建物全体の水平荷重を負担する計画としている。

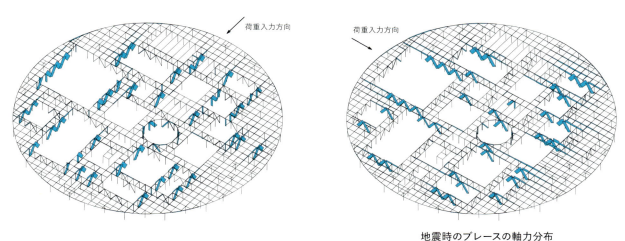

地震時のブレースの軸力分布
地震力に対して、全体が均等に抵抗している。

展示室外周の壁面内部には、H-200×200の鉄骨柱が3m（一部6m）ピッチで配置され、展示室の鉄骨屋根梁を支持し、これらの柱間に、強固な鉄骨ブレース（H-200×200）を組み込み、主要な耐震構造を形成している。鉄骨ブレースは、耐震的にバランスがよくなるように円形平面を四分割した各ゾーンごとに一定のブレース量を確保するように配置計画している。設計中においては、このルールに基づき、意匠サイドに自由に建築計画を行ってもらい、最終的なブレース位置を決定した。

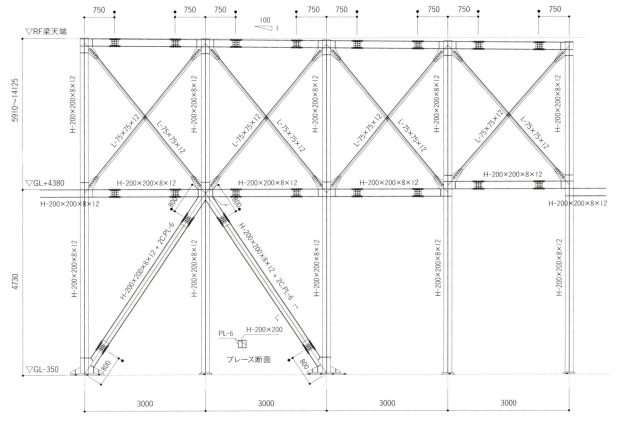

展示室外周の耐震骨組詳細図

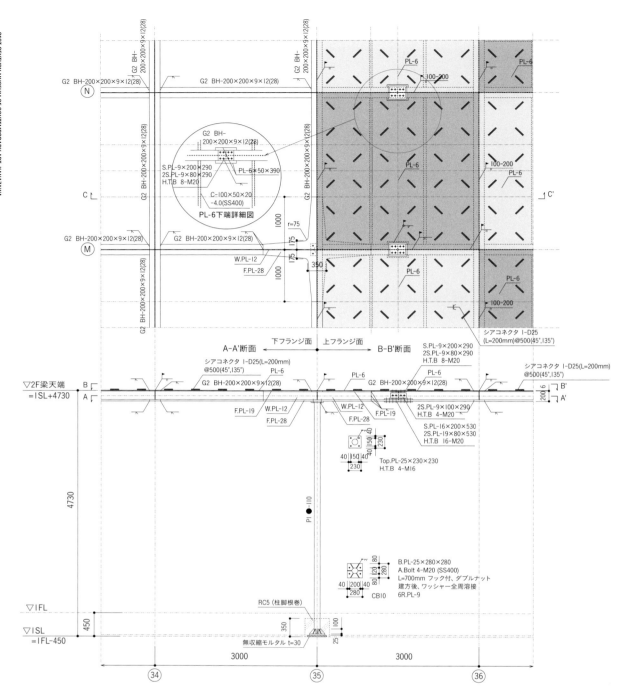

鉄骨格子梁(合成梁)詳細図

薄い屋根

　円盤状の屋根で覆われるエリアは、ガラスが多く用いられた透明感あふれる空間であるため、それに対応して、構造も「薄い屋根」と「細い柱」という繊細な部材で構成されている。

　薄い屋根は、3m×3mグリッドの鉄骨格子梁(H-200×200)からなり、最大スパン9mを可能としている。一般には、9mスパンとなると、多雪地域であれば、H-400×200程度の梁せいが必要になる場合が多いが、ここでは、鉄骨格子梁、鋼板、コンクリートの3要素を組み合せた合成梁を用い、適切な剛性と耐力を確保しながら、梁せいを200mmに抑えている。この薄い屋根は、建物外周の交流ゾーンおよび光庭周りにランダムに配置された細い柱と、展示室外周のボックス壁に組み込まれたH形鋼柱により適切に鉛直支持されている。

合成梁実大試験体による加力実験

コンクリート打設前の屋根(合成梁)

鉄骨架構(外周の細い柱と展示室の耐震要素)

細い柱

　細い柱は、負担する屋根荷重に応じて柱径を変化させた丸鋼柱とし、応力分布が素直に形状に現れたデザインとなっている。柱径は計3種類で、最大スパン9mを負担する柱を$\phi110$、負担荷重の少ない外周端部の柱を$\phi95$、さらに負担荷重の少ない光庭周りの柱を$\phi85$としている。

8 | ルイ・ヴィトン表参道ビル LOUIS VUITTON OMOTESANDO | 青木淳 JUN AOKI | 2000-2002年 東京都渋谷区

　コンペティション時の青木淳さんのアイデアである、「トランクを積み重ねたような形で構造ができないか」という発想がもとになった。 通常のビルディングのように行儀よく柱・梁があるのではなく、トランクはスキンでできている六面体である。 ひとつの面は一種の壁だが、建築の場合はそこに出入口や開口部があるため、完全な壁にしてしまうことはできない。そこで、基本的に壁に準ずるフレームであればよいのではないかと考えた。

　しかし、重ねていった面がうまく連続しているところはいいが、直交したりいろんな形ができてしまう。それに対して応力がうまく流れるかという問題があったが、構造と意匠を調整しながらやっていけば、原理的にはそれでできるはずだと考え、鉄骨の小さな部材で壁のフィーレンディールを組み、床の方向を調整することで、鉛直構面・水平構面ともに同じ小さな鉄骨の部材で構成する方法で構造計画を行った。

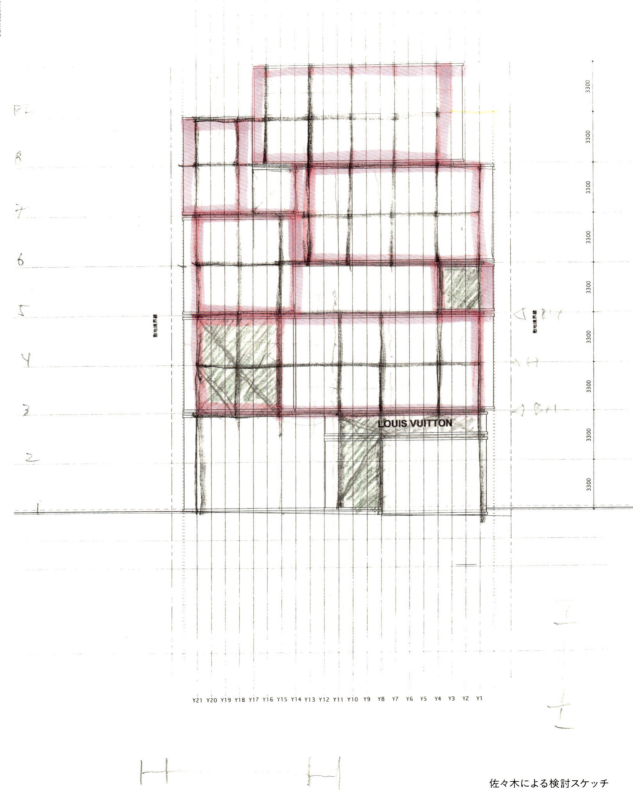

佐々木による検討スケッチ

トランクを積み重ねる

　壁は、高さ・幅に比べて厚みを薄くする必要があることから、200mm程度のフィーレンディールの面として計画をした。125mmだと木造に近いが、150mmになると少し鉄骨らしくなり、200mmになるといかにも鉄骨だ。しかし、300mmになってしまうともう大きすぎる。つまり自分の身体性の延長として考えると、200mmが限界であった。こうした見立てにもとづいて寸法を決定した。

　通常の鉄骨造とした場合、間口が20m弱のため2スパンになり、柱梁のサイズは普通の鉄骨であれば400mm以上の角パイプになるにもかかわらず、今回、全部200mmで収まっている。また、RC造にすることも可能であったが、RC造で8階建て、スパンが10m、幅が18mあるとすると、床が厚くなり、耐震要素となるであろう耐力壁も厚くなることが想定される。そういったことから、軽量で強くて剛性のあるスティールで籠状にしたものを重ねていくのが望ましいと判断して構造計画を進めた。なお、面を構成していくときには、原則的にフィーレンディールの面内にH形鋼の強軸方向をもっていく計画とした。

鉄骨建方時　H-200×200のフィーレンディール柱梁架構と鋼板で補強されたH-200×200の床梁が見える。

81

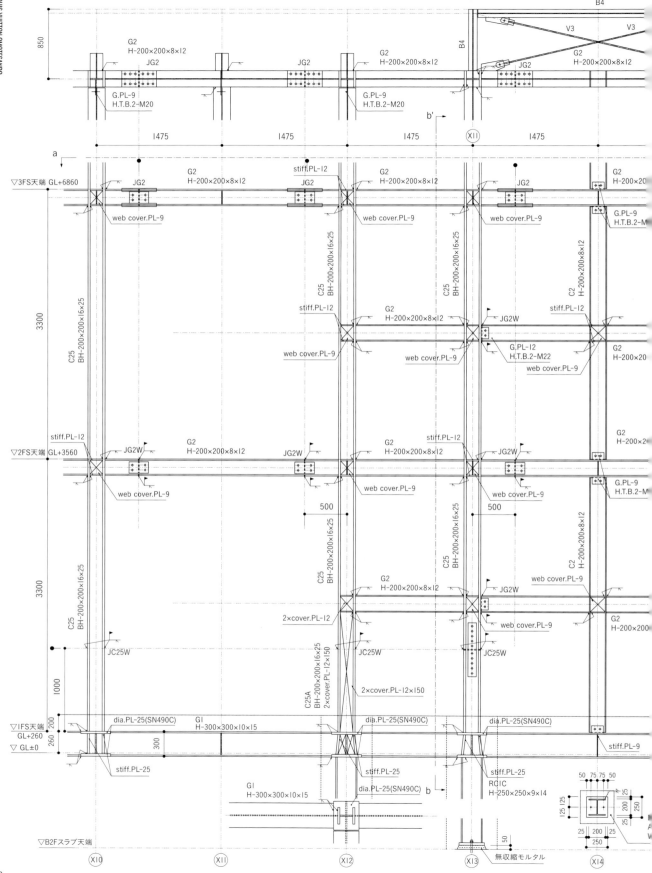

フレーム

　鉛直構面のフィーレンディールトラスのフレームの寸法は外壁のパネル、サッシのスケール、また下地の胴縁のピッチも考慮して決定された。胴縁など外壁の下地材も全部構造にしてしまったと解釈すればわかりやすく、構造体＝スキンで、外壁、下地材も兼ねていることから、無駄がない構造計画とした。

　また、フィーレンディールのグリッドの中に、十字柱をピンで取り付けておくことにより、そこに応力をある程度集める計画とした。それで全体の剛性をコントロールし、壊れたら取り替える。細かいものをはめ込んで、それで全体を補強していこうという発想とした。

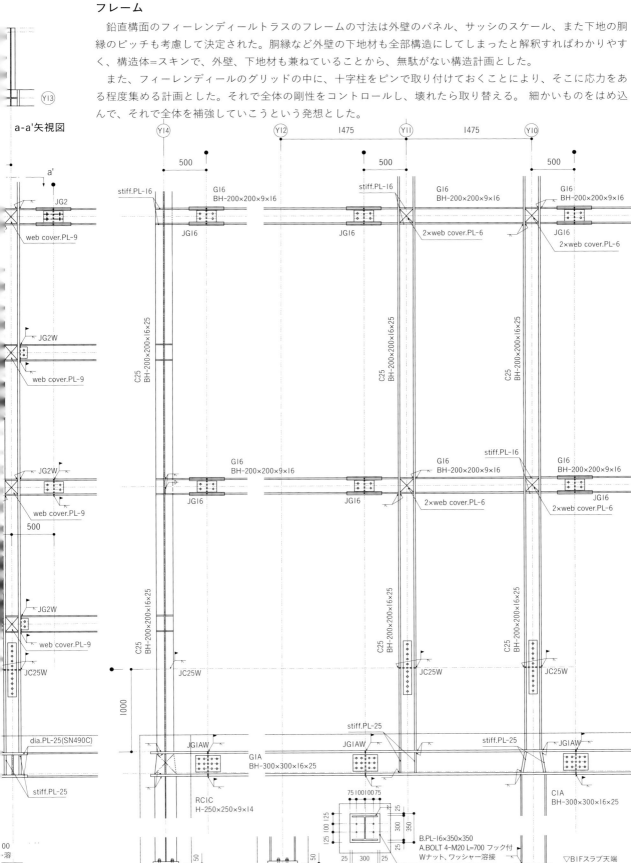

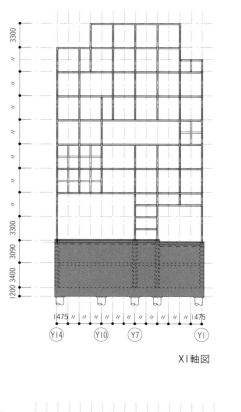

X1軸図

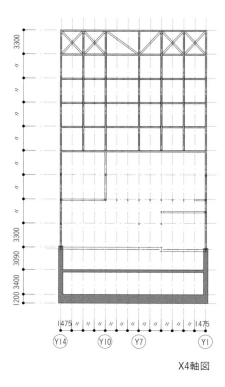

X4軸図

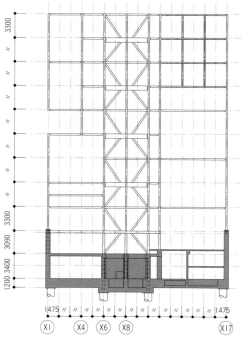

Y7軸図

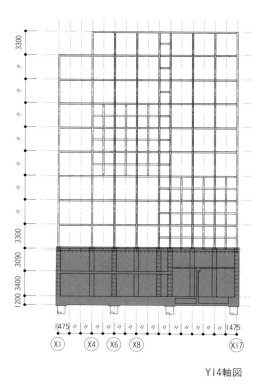

Y14軸図

各通り軸組図　S=1/100
局所を除き、H-200×200の部材を用いて各面を構成した。

LVホール内観　カーテン越しにH-200×200のフィーレンディール架構を見る。

トランクを積み重ねたような外観

9 | まつもと市民芸術館 MATSUMOTO PERFORMING ARTS CENTRE | 伊東豊雄 TOYO ITO | 2000-2004年　長野県松本市

　長野県松本市の中心地に位置するまつもと市民芸術館は、大ホールと小ホールを中心とした施設であり、旧市民会館の老朽化により2004年に建て替えられた。
　敷地条件と大小2つのホールという要求プログラムから、敷地の南側に大ホール・北側に小ホールという配置計画がなされている。また、大ホール（＋舞台・フライタワー）および小ホールは、遮音性などの問題から機能的に閉鎖的空間となる。そこで、これら2つの箱形構造を主要な耐震構造とし、それ以外の一般部分は開放的で流動的な空間構成とするため、細い支柱により適宜点支持する計画とした。

エントランスからホワイエを見る　GRCの外観はカーテンウォールとなっており、細い柱がスラブを適宜支持する計画とした。

全体の構造計画

・主要耐震構造としてのホール

　ホールおよび舞台・フライタワーは遮音性能上、厚いRC躯体で囲う必要があった。同時に、比較的大きな無柱空間である必要があるため、大ホール屋根およびフライタワー屋根は鉄骨トラスを採用した。これら鉄骨トラスの建方や、全体の耐震性能を考慮し、大ホールおよび舞台・フライタワーはRC耐震壁付きのSRC柱梁構造とした。

　小ホールの屋根は短辺方向スパンが15mであったことから、トラスではなく標準H形鋼H-588×300による単純梁としているが、屋根以外は大ホール同様にRC耐震壁付きのSRC柱梁構造としている。耐震設計の方針は、耐力壁が水平力のほとんどを負担する強度抵抗型としている。

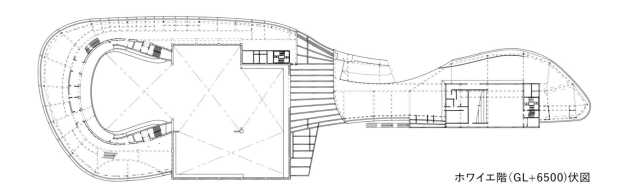

ホワイエ階（GL+6500）伏図

・2枚の水平床板

　2つの耐震ブロックをつなぐ2枚の水平剛床版は、ホールのロビーおよびホワイエを構成するGL＋6.5mレベルの床版と、ホワイエの屋根および屋上庭園となるGL＋12.5mレベルの鉄骨床である。GL＋6.5mレベルの床は、その下階の室の用途に応じてスパンが大きく異なるため、
①厚さ40cmのRCフラットスラブ（一部にボイドスラブ使用）
②鉄骨梁＋フラットデッキ＋RCスラブ（建物中央部ローディング上部）
③厚さ20cmのRCスラブ（小楽屋や楽屋側廊下の上部など）
を使い分けている。

　一方、GL＋12.5mレベルの床は、H形鋼＋デッキプレート＋RCスラブで構成されている。

・細い支柱

　床の長期鉛直荷重はホールおよび舞台のSRC主体構造と、およそ12m間隔で配されたϕ216.3シリーズの鋼管柱で支えられている。水平剛性の高い耐震壁が多く存在し、鋼管柱が地震時に負担する水平力は非常に小さいため、長期軸力により断面が決定されている。

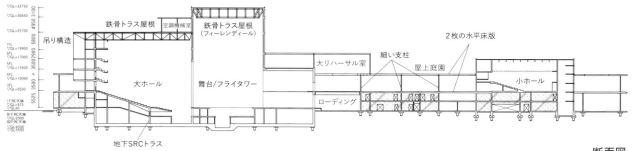

断面図

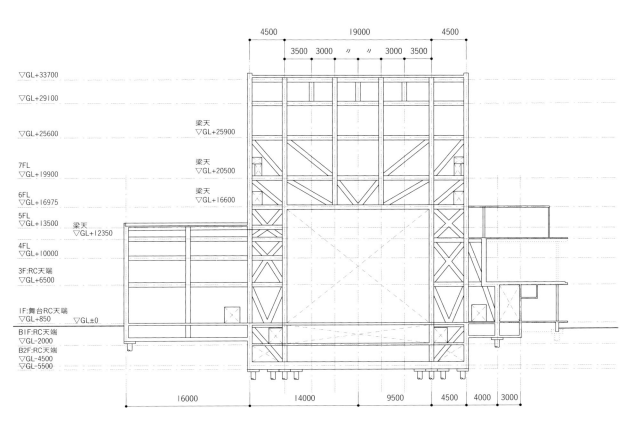

大ホールプロセニアム面軸組図

プロセニアムフレーム

　大ホールと舞台とを隔てるプロセニアムを含む軸組は、フライタワー屋根トラスや大ホール屋根トラスの重量を支えるとともに、地震時にもっとも水平力を負担する重要な耐震フレームとなっている。しかし、舞台として必要なプロセニアムの高さと、斜線制限から決まる側舞台側の高さの関係で、GL+14m付近で、一瞬幅の細いくびれた形状となり、そこに水平力が集中し、いわば本建物の急所となっている。

　この集中した水平力を確実に処理するため、BH-300×300×19×28（SN490B）という耐力の高い鉄骨ブレースを用いている。運搬単位の問題で工場溶接のみとはできず、また部材長が短いためにボルト接合ができなかったことにより、現場にて地組溶接させた後、建方を行った。最終的には厚さ60cmのRC壁に内蔵させている。

フライタワー鉄骨トラス屋根

　フライタワー屋根は、28×23mの単純な長方形平面をしており、外法3200せいの鉄骨トラスを3000ピッチ(一部3500)で一方向に架け渡している。トラスの内部は、吊りバトンなどの吊り上げ機械および吊りケーブルが非常に密な状態に配置されるため、構造部材がケーブルの配線と干渉することは許されず、そのため、フライタワーはH-350×350を上下弦材および束材とした、一方向フィーレンディール屋根とした。また、大ホールは、二方向鉄骨トラス屋根とした。

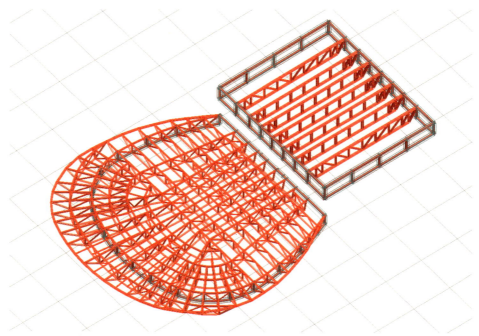

屋根トラス解析モデル

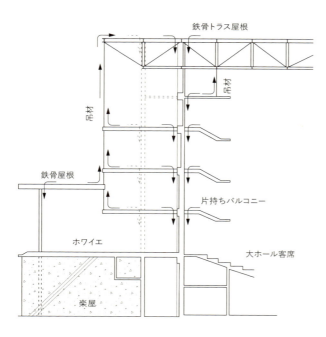

大ホール外周側における力の流れ

大ホール外周と鉄骨トラス屋根

　馬蹄形状の大ホール客席は、もっとも膨らんだ箇所でスパン32×36mあり、その屋根は格子状に配置された外法2500せいの鉄骨トラスでできている。トラス屋根はさらにホール客席から外側へ片持ち状に飛び出し、吊り構造の吊り支点となる。この片持ち自重および吊り反力とのカウンターバランスをとることで、トラス屋根の長期たわみ変形を抑制する構造となっている。

　大ホールには馬蹄形状の3段のバルコニー客席があり、このホールの内観を特徴づけている。このバルコニー客席は、客席後方部分でスパン4mの片持ち床となっているが、構造的には、H-300シリーズの鉄骨片持ち梁を細かいピッチで並べている。段床とするために、片持ち梁は途中2度折り曲げられており、また、応力の小さい片持ち先端部では、後席や映写室からの視界をより多く確保できるよう、H-150までサイズダウンさせている。

　さらに、3段のバルコニー席の外側には、バルコニー客席利用者用の廊下があるが、それらはバルコニーの片持ち梁とカウンターバランスをとりながら、ホール主壁から外側へ飛び出す鉄骨梁により支えられている。その鉄骨梁の外周側端部と、GL＋12.5mレベルの鉄骨屋根は、大ホール鉄骨トラス屋根から吊られている。外周を吊ることにより、メインのホワイエレベルに余分な柱が下りてくることはなく、快適なホワイエ空間の演出に一翼を担っている。

外周吊り構造

現場施工状況
(2つのレベルの水平な床とフライタワー)

地下SRCトラス(建方)

地組溶接の様子

フライタワートラス

バルコニー客席片持鉄骨梁(工場)

タワークレーンよりホール全景

10 | 北方町生涯学習センターきらり KITAGATA TOWN COMMUNITY CENTER | 磯崎新 ARATA ISOZAKI | 2001-2005年 岐阜県本巣郡

　岐阜県北方町に建設されたこの建物の屋根は、感度解析を用いた形態創生法を初めて設計に応用した例で、初期条件として「どれくらいの高さやボリュームにしたい」といった建築のイメージ——それは僕でなく建築家の磯崎新さんが決める話であるが——や機能的条件さえ設計条件として設定することができれば、あとは形態解析を利用して、厳密な力学的理論のもとにコンピュータの内部で設計変数をさまざまに変化させ、その中から良さそうな形を見つけてあげればいい。この手法により、布のように自由な形をした15cm厚のRCシェルの屋根をもった建築が岐阜で実現した。この「北方町生涯学習センターきらり」での試みを通して、形態解析手法が十分にデザインツールとして使えるという実感を初めて得ることができたのである。

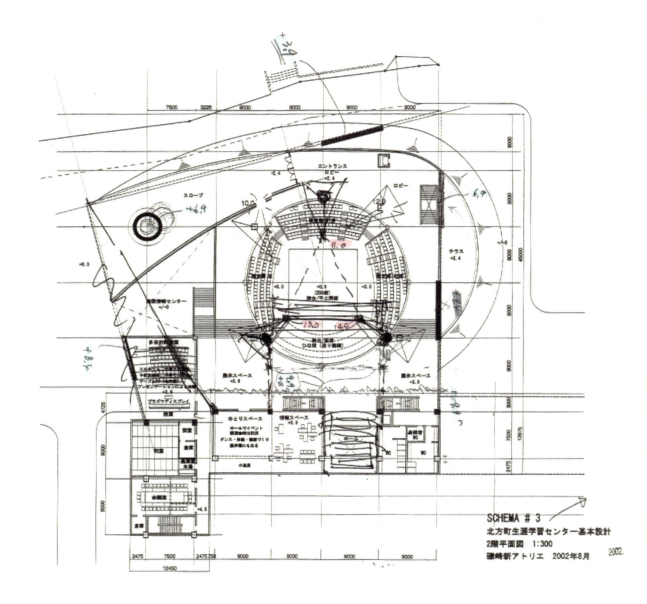

磯崎新のスケッチをもとに曲面屋根の初期条件のスタディ
磯崎アトリエからもらった図面に支持点や高さなどを書き込み、形状解析の初期条件を設定する。

曲面屋根のスタディ

　設計がはじまった2002年4月以降、建築において数々のスタディが続けられ、ようやく現在の平面形状に収斂した。一方、それに合わせて曲面屋根のスタディも同時に行われ、コンピュータによる形態解析と、それによって得られた形状に対する、建築と構造についてのさまざまな検証が相互に繰り返されて現在の形状に決まった。

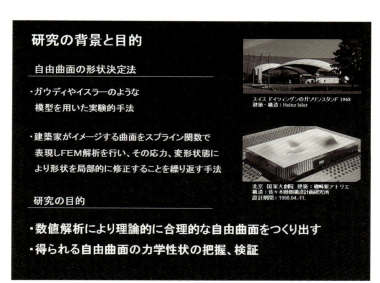

感度解析を用いた形態創生法：自由曲面の形状決定法

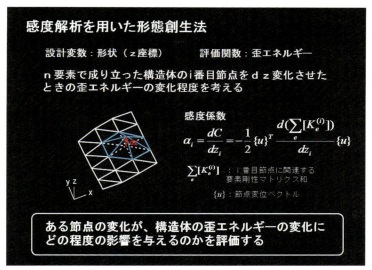

同：基礎となる方程式

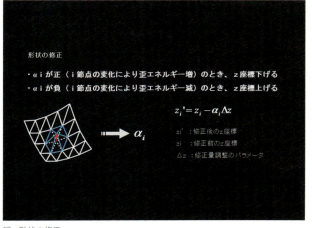

同：形状の修正

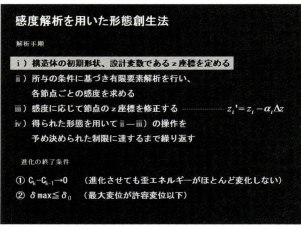

同：解析順序

佐々木の講演時のスライドより

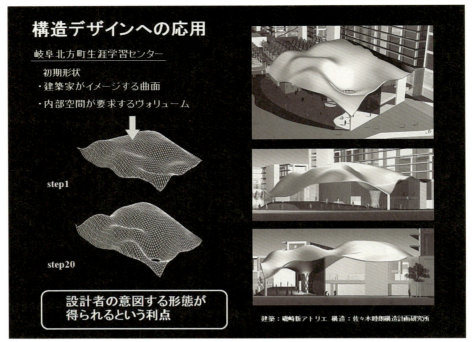

「北方生涯学習センター きらり」で初めて実際の構造デザインに応用した

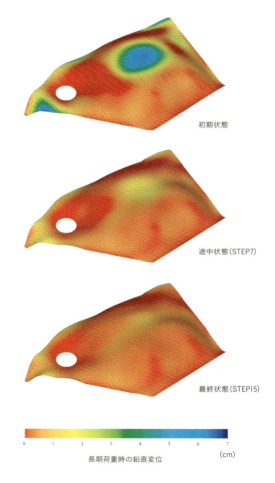

構造計画

　形態デザイン（感度解析手法）によって求めた自由曲面を実構造として採用した最初のプロジェクトである。この曲面屋根は、内部の独立柱、外周の鉄筋コンクリート壁および光庭の鉄骨チューブによって支持された、厚さ15cmの自由曲面シェルである。

　この曲面形状は、建築的に要求される条件をもとに各支持点の高さを初期条件として設定し、形態解析によるスタディを繰り返し行って決定した。外周の鉄筋コンクリート壁は、300mm厚のRC壁に300mmのリブを付けることにより、長期荷重における曲面屋根からのスラストに抵抗している。屋根の支持条件については、鉄筋コンクリート壁の水平のバネ剛性効果も考慮して形態解析を行っている。

最適化手法による形態解析過程

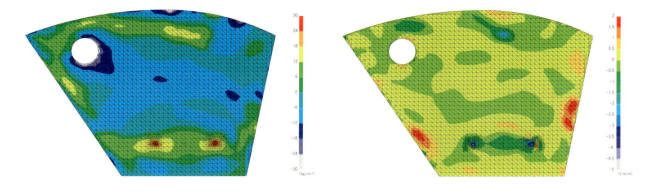

鉛直荷重時　主膜応力度分布図　　　　　　　　　鉛直荷重時　主曲げモーメント分布図

曲面屋根配筋要領図

　形態解析から得られた形状に対して、解析ソフトNastranによる通常のFEM(有限要素法)解析を行い、構造各部の安全性を検証している。自由曲面において発生する引張主応力度はおおむね10kg/c㎡以下で、ひび割れに対しても問題ない程度であるが、内部の独立柱頭部近傍では、大きな引張応力が発生するため、スラブを厚くして(18〜30cm)、鉄骨リブや鉄板を組み込んだハイブリッド断面としている。
　屋根の主筋については、標準配筋を「D10D13交互@120」として、各部の応力状態に応じて「D13@120」「D10D13@60」「D13@60」を適宜使い分けている。

トラス鉄骨の製作①

トラス鉄骨の製作②

トラスウォールユニットの製作①

トラス鉄骨の製作③

トラスウォールユニットの製作②

トラスウォールユニットの現場建込

施工方法

　型枠施工は、成形トラス鉄筋を用いたトラスウォール工法を採用している。屋根の断面形状に合わせて加工されたトラス鉄筋を、240mm間隔で並べて曲面形状をつくり、目が異なる3種類のメッシュ筋を重ねたものを、型枠用ネットとして使用している。

　現場での作業は、1m間隔（部分的には50cm間隔）で設置された支保工の上に、曲面下端の形状に沿って上弦材が加工された大引トラスを2m間隔で並べ、それらを定規としながら、工場製作されたトラスウォールピース（2.16m×9.76m）を所定の位置に据え付けるという手順で行っている。

独立柱頭部の鉄骨製作①(鉄骨部分)

独立柱頭部の鉄骨製作②(鉄骨リブ部分)

独立柱頭部鉄骨部材とトラスウォールユニットの接合

屋根全体の配筋状況

11 | フィレンツェ新駅 NEW FLORENCE STATION | 磯崎新 ARATA ISOZAKI | 2002年 イタリア・フィレンツェ (UNBUILT)

2002年に磯崎新さんと「フィレンツェ新駅」のコンペティションで試みたのが、進化論的構造最適化手法(拡張ESO法)を使った形態デザインである。

　長さ400m×幅40m×高さ20mのスケールをもつ巨大な流動体構造を創生した。得られた構造形態は、所与の設計条件を満たしながら三次元空間内に構造要素が最適に形成され、最少限の使用材料で最大限の力学的効果を発現する。

屋根レベルパース

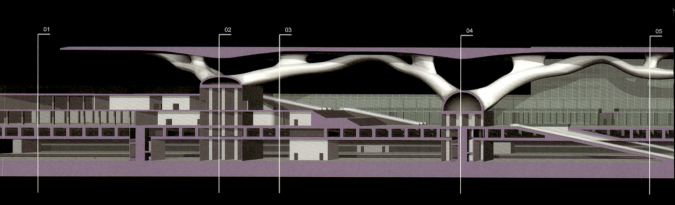

SEZIONE LONGITUDINALE PROSPETTICA / SCALA 1:250

屋根を支持する巨大な流動体構造

長手立面パース

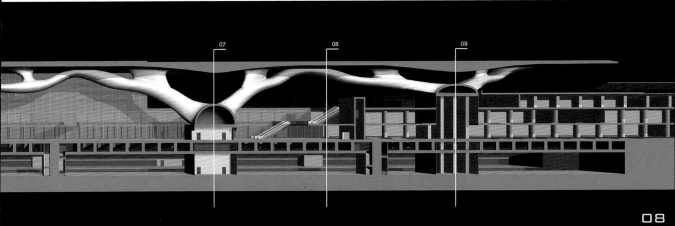

拡張ESO法による形態解析過程

（A）建築的な制約条件として、「屋根上面は常にフラット、中央部下面は屋根面より12m以内」を与える。
（B）鉛直支持部分がアーチ状に立体的に傾斜しはじめ、中央部分で屋根面が分離しカテナリー状の要素が現れはじめる。
（C）上向きアーチ部分と下向きカテナリー部分の接続部が進化しはじめ、軸力抵抗型に安定していく。
（D）巨大な屋根板を支える合理的な構造形態となる。

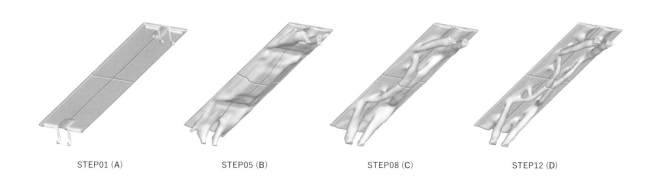

STEP01 (A)　　STEP05 (B)　　STEP08 (C)　　STEP12 (D)

実構造物への展開

　拡張ESO法による形態解析は、三次元形態そのものを問題とする位相決定問題であり、図示された構造各部の太さや厚みは応力に断面積を乗じた断面力の大きさを相対的に表すにすぎない。重要なのは得られた形態そのものであり、したがって現実の構造物への置き換えは、断面の核を線材に置換しようと面材に置換しようと、その形態を守る限り設計者の自由である。
　得られた構造形態をもっとも直裁に利用するために、ここでは最終進化で得られた三次元構造体の表面（形態解析結果より節点座標は既知）に具体的な構造体があると想定している。すなわち、それらの構造各部は上記の断面力に応じた部材断面積をもつように、大屋根の板構造は「鉄骨サンドイッチ板構造」を、その支持構造となるアーチやカテナリー構造は「立体的なチューブ状の鉄骨メッシュ構造（空間骨組構造）」をそれぞれ想定して、この有機的構造体を現実の構造物としてモデル化する。

構造ダイアグラム / Stractual Diagram

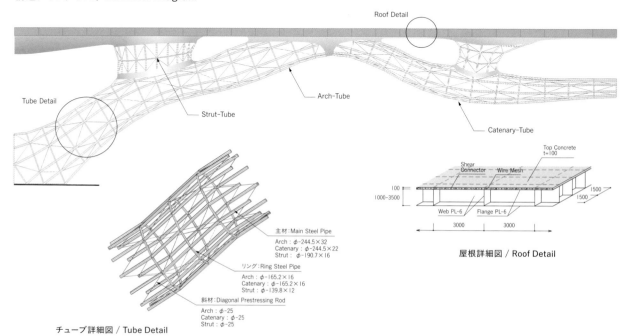

チューブ詳細図 / Tube Detail　　屋根詳細図 / Roof Detail

一般的な構造解析による検証

　有機的構造体の三次元座標はすでに形態解析で決定されているから、あとの手続きは有限要素法(FEM)による通常の構造解析(数値挙動解析)を適用して、一般的な立体構造物の応力変形解析や部材断面の検討を行う。ここで、構造の安全性を検証すると同時に、形態解析で得られた構造形態の力学的合理性を定量的に再検証している。
　構造要素の最大応力は約140N/mm²(鋼材の許容応力度以内でほぼ均等に分布)に収まり、十分安全であること、スパン中央の鉛直変位もスパン(L=150m)に対して約20cm(L/750)であることなどを定量的に確認し、地震力および熱応力に対する構造解析と併せて構造安全性と構造性能を総合的に検証している。

FEM解析 / FEM Analysis

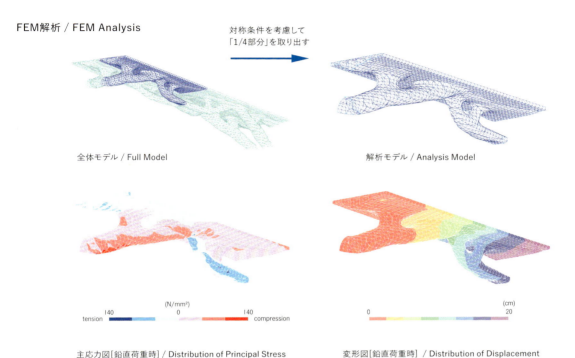

施工手順

　工場での製作性をふまえて、合理的に建方を行う。

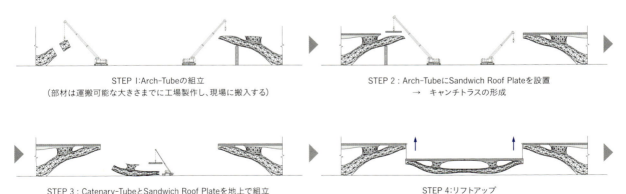

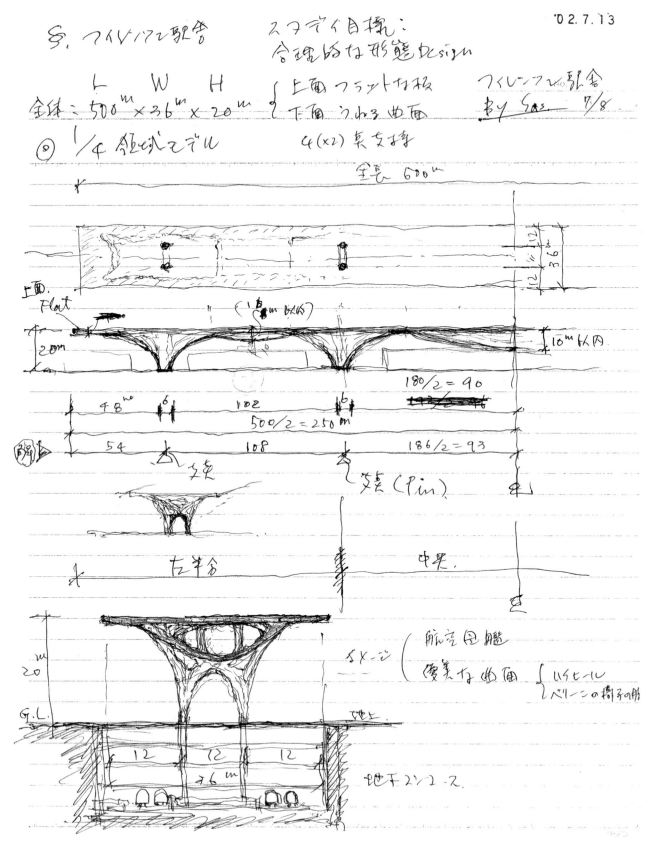

佐々木による検討スケッチ① 建築的な要求をふまえながら、力学的原理にしたがい設計条件を整理してゆく。

○ 判断（選択）-1

A は 構造骨組業そのものの形態（骨組のもの）だが
B や C のような込み性や複雑性に欠ける。

A Type： 力学的圧縮のみから導かれた 23
         構造に合理的な構造形態 → アーチ
                                       に収束
B,C Type： 連続梁（橋梁）モデル
         になるように初期条件を与えた
         結果得られる合理的構造形態
         → 連続梁化が合わせた形態に収束

Elv.
(B)

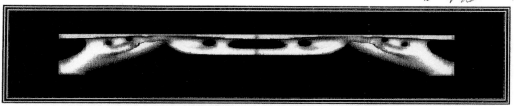

Elv.
(C)

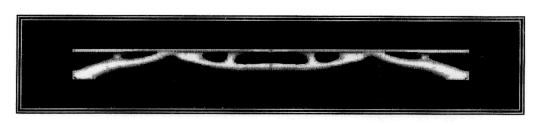

○ 判断（選択）-2   (B) か (C) → 構造としては (C) が better.

　　(C) の方が合理的で明快な形態.　　(B) は副次的だが
　　　　(力学的, 構造的)　　　　　　　余りにも複雑怪奇

○ 判断（選択）-3

　　(C) の Final 状態　 or 　(C) の Process 状態
　　　　　(静的)　　　　　　　　　(動的)

　力学的には Final の方が最適状態になるが
　造形的には Process の方が面白い？（分らない）

　　　磯崎先生の判断

佐々木による検討スケッチ②　拡張ESO法により得られたそれぞれの構造形態に対して多角的に分析を行う。

12 | アイランドシティ中央公園中核施設 ぐりんぐりん　ISLAND CITY CENTRAL PARK 'GRINGRIN' | 伊東豊雄 TOYO ITO

2002-2005年　福岡県福岡市

　福岡市東区の博多湾に造成されたアイランドシティの中央公園の中核施設として、「ぐりんぐりん」は計画された。公園全体のゆるやかな地形の変化の中に、ランドスケープと一体となってまったく新しい風景をつくり出すように、公園の丘のような建築として建築計画が進められた。その屋根は地面から盛り上がるように、全体がスパイラル状にうねりながら連続する、複雑な自由曲面形状をもつ3つのブロックの屋根構造で全体が構成された。いずれのブロックも形状は異なるが、同様の自由曲面屋根であり、その上を人が歩行できるRC造の自由曲面シェルを主要屋根構造とした。

　基本設計がはじまった頃、伊東豊雄さんから現在の形状のもととなる建築的アイデアが提示された。構造に関するスタディは、主に2通りの検討方法によって行われた。ひとつは円弧・放物線・らせんといった幾何学を手がかりに単純な解析モデルを作成し、その傾向を把握しながら理想的な曲面形状を模索する方法であり、もうひとつは、当時別のプロジェクトで実践していた、形態解析手法（感度解析手法）を用いて形状修正を行うという方法であった。スタディの結果、形態解析手法を用いる方法がより効果的であることが確認され、建築家が求める初期形状のイメージを損なわずに構造的にもある程度の合理性をもった、バランスのよい形態を求めることが可能となった。

初期形状(STEP1)

途中形状(STEP25)

最終形状(STEP46)

最適化手法による形態解析過程

自由曲面の形態デザイン

　屋根全体を対象領域として、最適化手法(感度解析手法)を用いた形態解析を行った。支持条件は、屋根面が接地している部分をピン支持とし、使用した材料はコンクリート、板厚は40cm、支配的な荷重条件として屋根面に鉛直等分布荷重w=1.5t/㎡を想定した。上図は、上記荷重時における屋根面の鉛直荷重分布についてStep1(初期形状)からStep46(最終形状)にいたるまで連続的に示したものである。これを見ると、形態進化が進むにつれて、全体の鉛直変形量が減少していく様子が確認できる。

屋根下の半屋外空間　3つのブロックが隣り合うところでスパイラル状にねじれた形状となる。

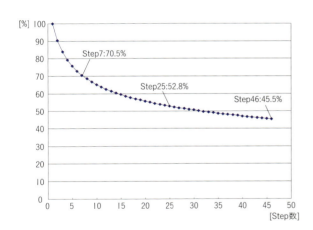

Step1に対する歪みエネルギーの割合の推移

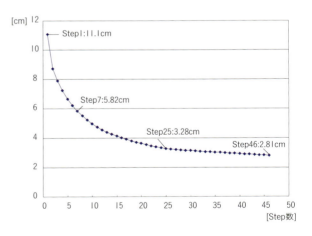

鉛直最大変位の推移

　上のグラフは、歪みエネルギーおよび鉛直最大変位の推移を示したものであるが、これを見ると、Step46の形状における歪みエネルギーは、初期形状（Step1）時の45％程度にまで減少しており、鉛直最大変形については25％にまで減少していることがわかる。
　こういった結果から、形態解析手法を用いて初期形状に修正を加えることによって、曲げ応力が極力少なく、歪みエネルギーと鉛直変位がより少なくなるような、形態抵抗型の形状に近づくことを確認した。

屋根配筋状況

構造解析と屋根の配筋

　形態解析で得られたStep46の形状について、汎用プログラム(MSC/Nastran)を用いた通常の構造解析を実行し、構造の安全性を検証している。ここに鉛直荷重時の解析結果(主膜応力度の分布図、主曲げモーメントの分布図)を示す。

　また、屋根主筋については、現場での配筋作業の合理化を図り、曲げ加工を施さずにある程度の曲面になじむことができる、細い径の鉄筋を使用して計画した。最終的にはD16を採用し、配筋間隔は標準部で150mm、部分的に75mmとした。主筋の配筋方向については、施工の単純化を図るために、全体座標軸におけるXY方向を基準としているが、曲面形状が複雑な部分に関しては、その曲面に対して放射円周方向に配筋するようにした。

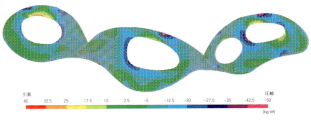

主膜応力度分布図(鉛直荷重時)

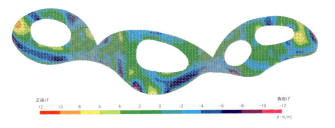

主曲げモーメント分布図(鉛直荷重時)

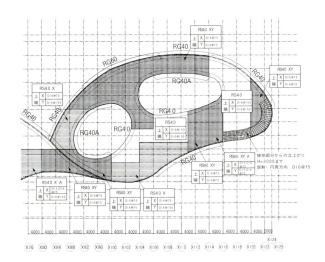

曲面屋根スラブ上端配筋要領図

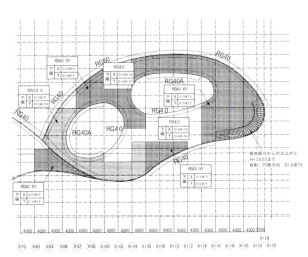

曲面屋根スラブ下端配筋要領図

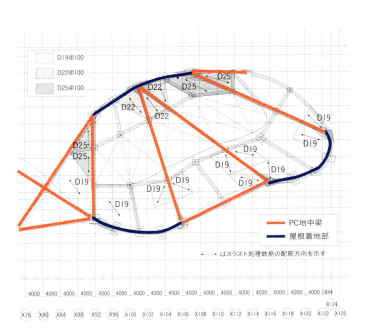

スラスト処理鉄筋配筋要領/PC地中梁配置図

下部構造

　屋根構造を支持する下部構造には、上部構造からのスラストを処理するために、タイビームとしての地中梁(600×1500)を適切に配置した。これらのタイビームにはPC鋼材(PC鋼より線φ21.8を最大8本使用)を配線してプレストレスを導入している。また地上レベルの土間スラブ(厚さ400mm)にも、スラストによる引張力が発生するため、主応力の方向に沿って、スラブの上下主筋に加えてスラスト処理用の補強鉄筋(D19〜D25@100)を断面中央部に配筋した。

モックアップ　もっとも単純な形状である南ブロックの一部分を対象として、モックアップを製作し、施工面に関するさまざまな点について事前検証を行った。結果として、その中で多数の問題点を把握することができ、実際の施工に対して大いに反映させることができた。

型枠施工状況　型枠パネルは1m×2m(部分的には1m×4mや1m×1m)の単位に切り分けて搬入し、正規の座標値からずれないように精度を保ちながら、1枚1枚つなぎ合わせて曲面を形成する。

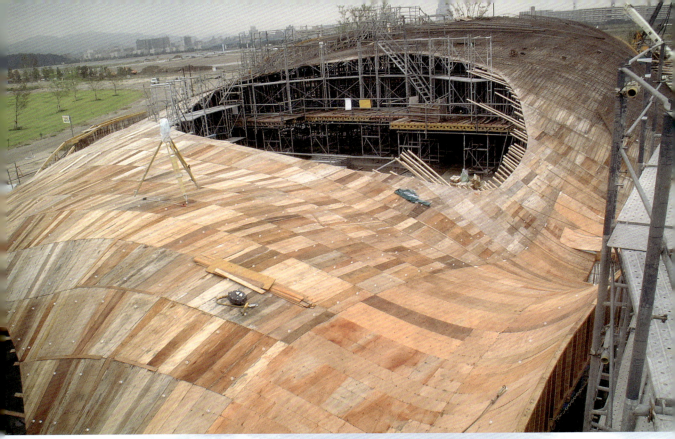

屋根型枠施工および配筋状況　屋根面の曲率になじみやすいように細径の鉄筋を使い、全体座標のXY方向に配筋することを原則とした。

反転部型枠　下半分は船底のような型枠を工場でつくり、据え置く。上半分は上面メッシュ型枠の上に、はらみ出し防止として木材により押さえるような工夫がされた。

コンクリート打設　屋根のコンクリート総量は約2000㎥ほどで、これを8回に分けて打設を行った。この打設作業には、延べ400名の作業者が動員された。ここでは、通常のスラブのように平らな部分がないため足元が悪く、また鉄筋も混んでいることもあり、打設作業は難航した。

上：コンクリート打設後　打設時にコテでならされたスラブ上面は、比較的なめらかな曲面形状とすることができた。
下：コンクリート打設後内観

INTERVIEW TOYO ITO
伊東豊雄インタビュー

聞き手：難波和彦
　　　　グラフィック社編集部

＊ここでは佐々木と長年プロジェクトを協働している
建築家・伊東豊雄の特別インタビューを掲載する。聞
き手役は建築家・難波和彦による。

難波（以下、難）　佐々木さんと協働は「大社文化プレイス」が最初ですか？

伊東（以下、伊）　そうです。コンペティションのときは実施案と違って円形の劇場のみで、図書館の機能はまだありませんでした。これはなかなか面白いコンペティションでした。審査員は、長谷川堯さんや菊竹清訓先生。応募者で覚えているのは、高橋靗一さん、早川邦彦さん、阪田誠造さんかな。

審査会の順番待ちでみんな旅館に缶詰になったのですが、どういうわけか待ち時間が長くて……。外にも出ちゃいけないんで、そのうちに高橋靗一さんがしびれを切らして「お互いに提案を見せ合おうか」って。そんなことをしてました。

あれは審査会が終わって週明けの月曜日だったかな。僕はコンペティションに勝ったという知らせを事務局からすでに受けていたんですが、高橋靗一さんがいきなり電話してきて、「何か連絡あったか？」というから、「すみません、勝たせていただきました」といったら、「このクソガキ！」とか言われて（笑）。その後に「まあ、オマエが勝ったんならしょうがないか」と。

このコンペティションは一度見直しになっていますが、設計をやり直すときに住民の希望が多かった図書館が機能として追加されました。まちとしては別棟形式でやろうとしていたのですが、それを僕らは一棟にしたいと。そのためコンペティション案とは形が変わってしまいました。

難　その後、「せんだいメディアテーク」にいたるのですが、その間の伊東さんと佐々木さんの協働作はどれも新しいアイデアばかりだったから、とてもビックリして……。伊東さんの中で佐々木さんと協働されて強く記憶にあるのは何ですか？

伊　それはやはり「せんだい」でしょうね。

編集部（以下、編）　佐々木さんは「せんだい」の最初のスケッチを見たときに、骨格構造と空間構造の2つを統合するチャンスが訪れたと直観した、と書かれています。あのスケッチはどこから生まれたのでしょうか？

伊　コンペティションは通常、諸条件からスタディし、全体のヴォリューム感などをまず掴もうとしますね。その作業の後で、応募要項の中に「ギャラリーホール」があって、そこだけ天井高の高いものが要求されていたのです。それをどうしたらいいかと思っていたのですが、その前に木村俊彦さんとやって落選した「札幌コミュニティドーム」のコンペティション案があったので、それを入れたら他の機能はすべてフラットスラブで解決できると思ったので、ギャラリーホールの部分にだけドームを入れて、上から光を落とそうとしたのです。そのついでに、いまのチューブに相当するものがアイデアとして出てきたんです。
同時期に「横浜港大さん橋国際客船ターミナル」のコンペティションがあって、僕はその審査員でしたが、レクチャーのためにAAスクールに向かう予定になっていた。成田エクスプレスの中で、「ギャラリーホールをやめて全部チューブにしよう」「1階の天井高を上げればギャラリーホールも収まるだろう」と考えて、あのスケッチが出てきたのです。
当時はメールもなかったから、成田空港のラウンジからFAXを送ったのです。僕は当たり前のことをしたくらいに思っていたのですが、それを見た佐々木さんがエキサイトして……。1週間後に帰国したときには、佐々木さんの興奮状態がわかる返信が届いていました。

編　佐々木さんはあのスケッチを見たときに、通常ではあり得ないスラブの薄さをどうするか、そこに意識が集中したと話されていました。

伊　僕もスラブの厚みだけはものすごく薄くしたいと思っていましたね。

難　「せんだい」ができあがる少し前に、鈴木博之さんや石山修さん、伊藤毅さん、中谷礼仁さんと行ったシンポジウムで、伊東さんが「自分としてはもっと軽い、ふわっとした建築ができると思ったら、すごく重くて物質的な、なんかすごくムキムキした建築ができた」と言っていて……。

伊　そうなんですよ。僕は何によって床が支えられているかわからないくらいのチューブにしたいと思っていたわけです。だから全部半透明のガラスで覆ってしまって、構造体が見えないようにしようと。でもチューブの構造設計が出てきたときに、僕は「思ってたよりゴツいな」という印象だった。
ただ実際には、その後にまちの人たちからめちゃくちゃ叩かれたんですね。住民集会に出ると、「こんなものつくれるのか」みたいなことを散々言われて……。そのときに、逆にゴツいチューブが、押したって引いたって絶対壊れないあの存在感が、僕を救ってくれましたね。頼りになる存在に変わったのです。

難　シンポジウムのときの発言を会場で佐々木さんが聞いて、もう怒ってしまって……。その日は暴れて大変でした（笑）。

伊　佐々木さんも会場にいたとは知りませんでした。覚えてないな。佐々木さんには言わなかったつもりだったのですが（笑）。

難　「せんだい」の後は、作風がすごく物質的に変わったという印象が強くあります。
それはやはり「せんだい」がきっかけになっていますか？

伊　そうです。他でも少し語っているけど、僕は「せんだい」までは、自分の建築は世の中に認められないと

思っていた。だからもう、ひたすら存在感のない美しい建築をつくるしかないと。そしたら「せんだい」が美しいというよりゴツい建築になって……。でも完成したら、若い人を中心にして評判が良かったんです。「ああ、こんなオレの建築でも世の中の人は認めてくれるんだ」と思ったんですね。そこから自分の建築観が変わって、「美しいだけじゃない。強さも必要なんだ」という意識が芽生えてきましたね。

難 僕の印象では、「八代市立博物館」の頃からかなり物質的な印象はありました。一方で、「せんだい」はすごく軽い。伊東さんのイメージがそのまま実現したような印象です。
オープニングに多木浩二さんや小嶋一浩さんらと一緒に行ったのですが、多木さんが非常に感動していましたね。同じ頃に山本理顕さんの「埼玉県立大学」ができましたが、多木さんは「伊東はイメージの建築で、山本はシステムの建築だ」「この二人がいまの建築界を支えている」と言っていて、その言葉が非常に印象に残っています。

■

難 その後、伊東さんと佐々木さんの協働は、コンクリートの自由曲面の建築、いわゆるフラックスストラクチャーの方向に行かれます。フラックスストラクチャーは磯崎新さんとのプロジェクトから生まれたようですが、伊東さんとの最初は？

伊 「アイランドシティ中央公園中核施設　ぐりんぐりん」ですね。福岡市が、花博覧会の開催に合わせてアイランドシティに何かつくりたいということで依頼されました。敷地は埋立地なので完全にフラットで、積載荷重も限られているので土を盛り上げることはできない。なので、シェルをつくってその中に集会場や温室を入れようと。しかも三回転ひねりみたいな構造体を提案して……。とにかく施工が大変だった。もっと細かいグリッドにして施工をやればよかったんですが、とくに端部の処理がうまくいかなくて。それに藤森照信さんから「緑を育てるのはそんなに簡単なことではない」と言われたのが印象に残ってますね。

新香川県立体育館コンペティション　伊東豊雄案

難　「ぐりんぐりん」はアクロバティックな空間構造でしたけど、その次が「瞑想の森 市営斎場」ですね。こっちはかなり軽い。

伊　そうですね。「ぐりんぐりん」の反省があって、「瞑想の森」ではとにかくもっと繊細な建築をつくりたい、という気持ちが強かった。

難　あれはほんとにきれいですよね。ランドスケープも素晴らしいですし。その展開形が「川口市めぐりの森」ですね。一方で、「せんだい」のようなグリッドというかフレームの線材による建築と、空間構造としてのフラックスストラクチャー。その行ったり来たりの往還を展開されます。

伊　フラットルーフにランダムな柱を立てて「自然界の空間的な印象を内部につくりたい」というやり方と、屋根によって周りの環境や里山と調和するような「屋根で自然をシンボライズする」やり方の2つを使い分けていますね。それはいまでもそうだと思います。

難　最近、SANAAにはその2つを合体させたような展開が見られます。たとえば、「新香川県立体育館」はシェルなんだけど、鉄骨の線材です。佐々木さんは非常に力が入っていて。

伊　「新香川県立体育館（現・あなぶきアリーナ香川）」と言えば、うちの事務所も佐々木さんに構造をお願いしてコンペティションに応募したのですが、このときほど佐々木さんに怒られたことはないですね。佐々木さんから「こんなバカバカしいことやるのか！」と散々言われた（笑）。でもそれでもやりたかった。一次も通らなかったんですが……。
敷地はフェリーターミナルの隣だから、僕は高松への「ゲート」だと思ったんです。菊竹さんが昔、「京都国際会議場」のコンペティションで井桁のような提案をしたでしょ。あれを鉄骨でやって、高松への玄関口としてのゲートをつくりたいと思ったんです。でもそれをやろうとしたら、「ものすごい鉄骨量になるぞ」と佐々木さんに言われて。「それでも絶対にやりたい」と言ったら、渋々やってくれましたけどね。他の応募者はドームみたいなことやってくるだろうから。

難　それは聞いたことがなかった話です。

伊　今度、その案をお見せしますよ（上図）。

■

難　伊東さんは、「社会に対して批評的であることが自分たちのスタンスである」と話をされますね。でも、最近の若手の建築家にはそのような批評性が感じられないと。たとえば、ちょうどいまギャラ間で展覧会をやっている大西麻貴＋百田有希／o+h。彼らはとても健康的ですよね。批評性という言葉がなかなか馴染まない。

伊　ハッピーですよね。僕の場合には、ものをつくるということは、怒りとかコンプレックスとか、そういうことがない限り人間の生きる力っていうのは湧き出てこないんだと思い続けているところがあります。こないだo+h展のオープニングでスピーチを頼まれた際は、「君らは人を全面的に信頼している。だけど僕からすればそんなことは絶対ありえない」と。そういうスピーチをしたんです。

難　そのスタンスはやはり70年代が関係していますね。

伊　そうですね。磯崎新さんや篠原一男さんに僕らの世代は強く影響を受けているんですね。とくに篠原さんは住宅しかつくっていないのに、世の中の建築に、丹下さんに対しても菊竹さんに対しても批評的に対峙するという、その姿勢を見てきた。当時の僕らは住宅しか仕事がなかったから、「小さな住宅であっても世界を批判できるんだ」という意識を刷り込まれたんですね。妹島和世さんもやっていることは批判的だと思うんだけど、あんまり口に出して言わないし。平田晃久くん以降は住民と話しながら建築をつくるのを方法論にしている。やはり世代が違うなと感じることがありますね。
それに、佐々木さんもホットな人だから、プロジェクトの打合せのときに一度くらい怒らせた方がいいんじゃないかと思っているんです。ホットになると良いアイデアが出る（笑）。僕も自分の血をたぎらせるためにどうすればいいかというのはよく考えますね。

難　構造家も若い人がどんどん出てきていますが、やはり木村俊彦さんの功績はすごいですね。もちろん坪井善勝さんもいるけど、実務の構造家として突出している。一方で、木村事務所OBの佐々木さんはできるだけ木村

さんのようにはやりたくないと言ってました。

伊 なぜですか？

難 木村さんは、建築家がどんな難しい問題を出してきても、解けることを実証することが構造家の仕事であると。つまり、何でもできてしまう万能型。佐々木さんはそれに批判的というか、自分はそういう万能型の構造家にはなれないと思ったのでしょう。反対にこれしかできないという専門型を模索した。だから付き合う建築家もかなり絞られることになった。そういう特異なスタンスですね。
SANAAを見ると、佐々木さんの方が世代が上なので、アニキ的立場ですね。伊東さんとは、ケンカするくらいだから対等なんですね。磯崎さんとは、磯崎さんのアイデアを実現するという立場。僕から見ると、伊東さんとの関係性が一番生産的で創造的な感じがします。

伊 佐々木さんのところから優秀な構造家が次々と出てきていますね。その人たちはどんどん若い建築家たちの設計をやってくれている。だから佐々木さんは頑固だけど、若い人たちはもっと柔軟。やっぱりうちの事務所と一緒なのかもしれないね。

編 佐々木さんに伊東さんとSANAAで仕事の仕方について違いをうかがうと、SANAAとは形がまったく決まってない段階から参加するけど、伊東さんとはある程度こういう形というのが決まってから参加すると話されていました。

伊 そうですね。僕はこういう建築をつくってみたらどうだろうというアイデアが出てから、初めて佐々木さんに相談しますね。何にもない状態で会ってもしょうがないと思っています。

編 伊東さんと佐々木さんは最初の協働から30年経ったことになりますが、佐々木さんが伊東さんの作品に与えた影響として一番大きなことは何でしょうか？

伊 佐々木さんは構造家であっても、ものすごく美的なセンスがある。だから、僕が何をやりたいかっていうのが読めてしまうんだ。そういう構造家は稀ですよ。
この作品集の巻頭で佐々木さんは坪井善勝さんの「建築の美は合理性の近傍にある」という言葉を引用していますね。佐々木さんも坪井さんと同じようにわかっている人なんだろうな。僕らは、これは合理性があったかどうかなんて後になって初めて気がつくんだけど、佐々木さんはそういうことに対してものすごく敏感ですね。ものすごく繊細に、美しい建築をつくりたいっていうのは、おそらく僕以上に考えているのではないでしょうか。すごい人だなと思っています。

編 本日は貴重なお話をたくさんうかがうことができました。ありがとうございました。

収録日：2024年9月24日
場所：伊東豊雄建築設計事務所

13 | ツォルフェライン・スクール ZOLLVEREIN SCHOOL OF MANAGEMENT AND DESIGN | 妹島和世＋西沢立衛 /SANAA KAZUYO SE

　ドイツのエッセンに建つデザインとマネージメント学校の計画である。エッセンの街にはツォルフェラインという、かつて炭鉱として栄えた工業地帯がユネスコの世界遺産に登録されている。このデザイン学校は、ツォルフェライン地区の外れに位置している。一辺35mのほぼ立方体に近いヴォリュームで、建物がこの一帯のエントランスゲートのようなランドマーク的性格をもつことも期待された。空間構成は、エントランスやスタジオ、図書館、オフィスなど天井高の異なる空間が垂直に積層され、3本のコアがそれらをつなぐように計画された。

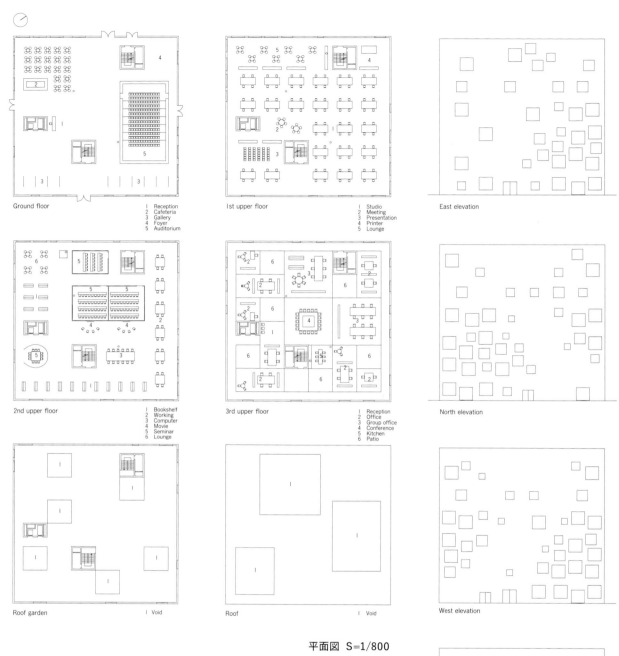

平面図　S=1/800

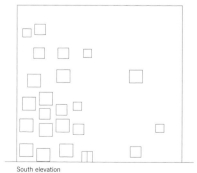

立面図　S=1/800

内外打放しの薄いRC壁

　構造はRC造で、厚さ300mmのコンクリートの外壁には直径25mmのパイプをラジエーター状に打ち込み、炭鉱の地下水地熱を利用したアクティブ・インシュレーション（動的断熱システム）の採用によって、断熱材のないコンクリート単一レイヤーのみの建物が実現した。これによって、内外ともに打放しの薄いコンクリート壁が可能になった。見える風景や明暗の異なる空間をつくり出し、学校の多種多様な活動に対応しようと考えた。

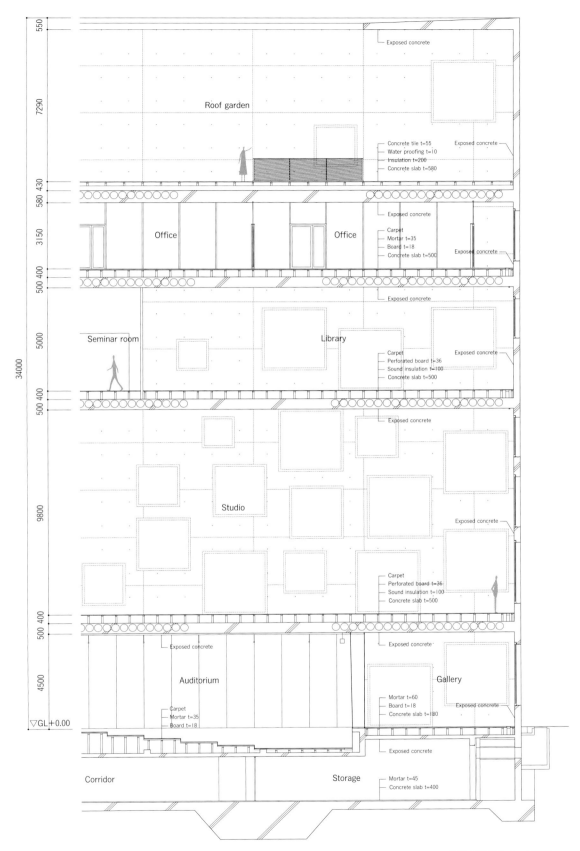

断面詳細図 S=1/175

2階スタジオ内観　厚さ300mmのRC外壁に大小さまざまランダムに配置された四角い開口。

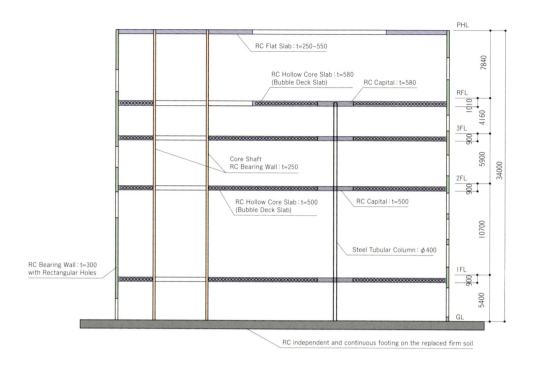

構造ダイアグラム

構造計画

　一辺35mの正方形平面に高さが34mのほぼ立方体で、内部にトップの塔屋レベルを含めて5枚のフラットな床スラブがランダムな階高を構成して挿入され、これを外周壁四面と支柱2本および鉛直動線であるコアシャフト3基で支持するシンプルでミニマルな構造である。

　構造はRC造主体で経済性に配慮し、1階〜R階の4枚の床スラブは球体ボイドスラブ（厚500、580mm）、PH階のスラブは普通のフラットスラブ（厚250〜550mm）とし、コアシャフトを壁厚250mmで形成する。ファサードである四面の外周壁（厚300mm）は大小さまざまな四角形の開口をランダムに設けているが、意匠性はもとより構造性能や施工性を損なわないよう配慮している。これら外壁躯体とボイドスラブはそれぞれ断熱工法と冷暖房装置として温水管φ25を内蔵し張り巡らしている。意匠と構造のバランスを図って配置された支柱は鋼管φ400で、柱頭を鉄骨補強した床スラブと同厚のディスクプレートとする。基礎構造は改良した地盤で支持するRC造の剛強な基礎とした。

　この構造コンセプトの骨子はコンペ当初から完成まで変わっておらず、建築、環境、設備あるいは施工、コストなどに基づく開口部のデザイン、温水管などの断熱工法、または階高構成、支柱とコアの配置などさまざまの事項に対し、柱径、壁厚、床厚および床組工法（たとえば、PS工法や鉄骨またはPCによる格子梁）などが検討され、調整を経て現在の構造へと収斂している。

外壁躯体のコンクリート打設（遠景）

外壁の配筋とアクティヴ・インシュレーション用の埋設配管

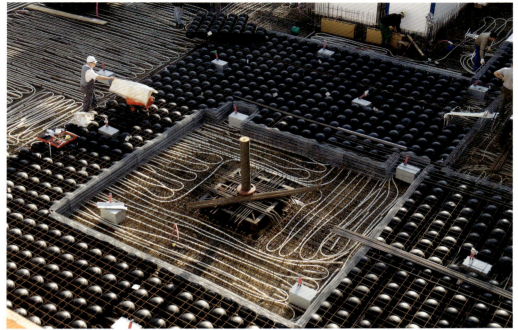

鉄骨支柱周りの床配筋と、アクティヴ・インシュレーション用の床埋設配管 さらにその外周には、ボールボイドが配されている。

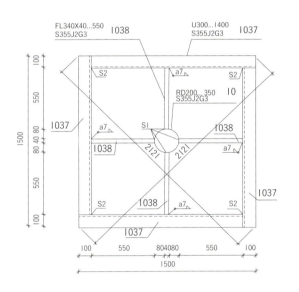

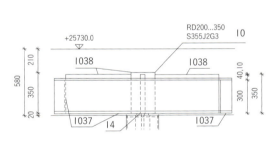

柱頭部鉄骨詳細図

施工中の外壁躯体の様子
RC外壁に埋設された設備配管により、断熱材が不要となり、内外ともに打放し仕上げを可能とした。

仮設支柱で支えられる工事中の2階外壁躯体
施工時に外壁の面外方向への傾斜を抑制するためにサポートが配された。

ルーフガーデン
外壁と同様、屋根および最上階床にも四角い開口が設けられた。

137

14 | ニューミュージアム NEW MUSEUM OF CONTEMPORARY ART | 妹島和世＋西沢立衛/SANAA KAZUYO SEJIMA+RYUE NISHIZAWA/S

　ニューヨーク、マンハッタンのバワリー通りに建てられた現代美術館である。敷地周辺は、昔のマンハッタンの面影がなお残るダウンタウンで、今後、再開発が進むことが予想される地区である。基本的な構成としては、ギャラリー、ホワイエ、オフィス、多目的スペースなどの、大きさも用途も異なるスペースを、マンハッタンの斜線制限にしたがいながら前後左右にずらして積層している。箱のズレによってできた部分をトップライトまたはテラスとして、高層建築の中間階であってもトップライトをもつことができる構成となっている。

3-2007年 アメリカ・ニューヨーク

1階内観

平面図

　ニューミュージアムは以前、倉庫のようなラフな空間を使って、実験的でエネルギーに満ちた現代アートを展示していた。完成度が高い、いわゆる「ホワイトキューブ」とは違った、構造体や空調ダクトが露出したギャラリースペースであった。そういったエネルギーと活気に満ちた美術空間の継承を考え、室内空間はもとより、外観においても、アルミのエキスパンドメタルメッシュという工業製品が用いられた。メッシュと壁の2枚重ねの外観仕上げは、ある深さと変化をつくり出していて、天候の変化や見る角度によって、刻々と違った印象をつくり出している。（妹島和世＋西沢立衛、新建築、2008年1月号より一部引用）

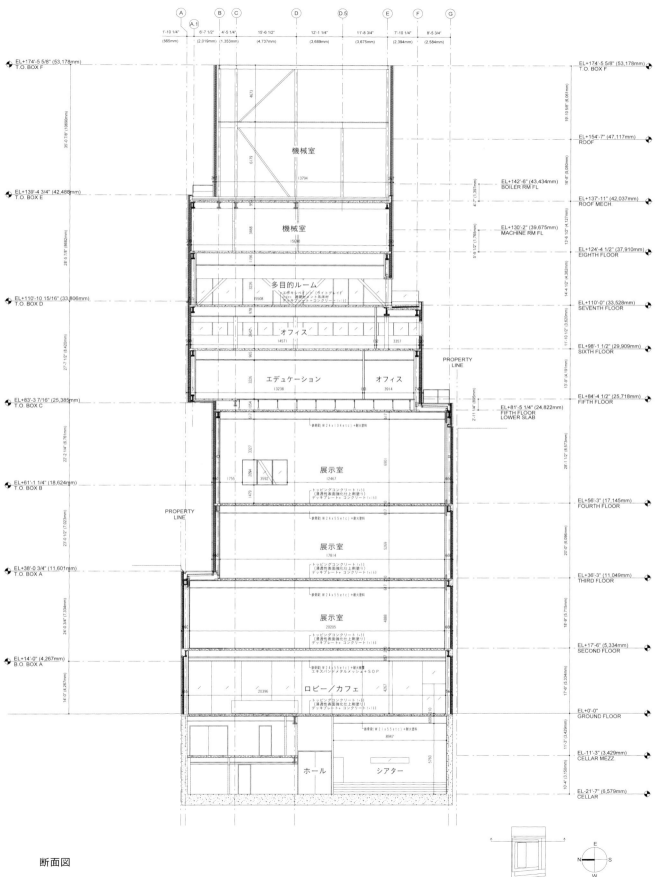

断面図

地上部鉄骨建方

構造計画

　鉛直力はコア壁内および外周壁内にある柱により支持されている。壁を薄くするために、それら鉛直支持部材のサイズはH-200〜250までとしている。また展示室はコアと外周を直接H-600で結ぶことでスパン約13mの無柱空間としている。床を支持する柱の平面位置が層によってずれているため、鉛直力を直接真下には伝達することができない。そのため、ズレの生じている外壁面をロングスパンや片持ちの鉄骨トラス壁梁とすることで、鉛直支持能力をもたせつつ、その力を端部支持点以外の直下階に伝えない工夫をしている。

　また、地震等の水平力に対しては、外周およびコア周りに配置されたブレースにより処理をする計画となっている。このような構造的工夫により、建築計画のコンセプトでもある平面的なズレや、エントランス部の無柱開口を実現している。

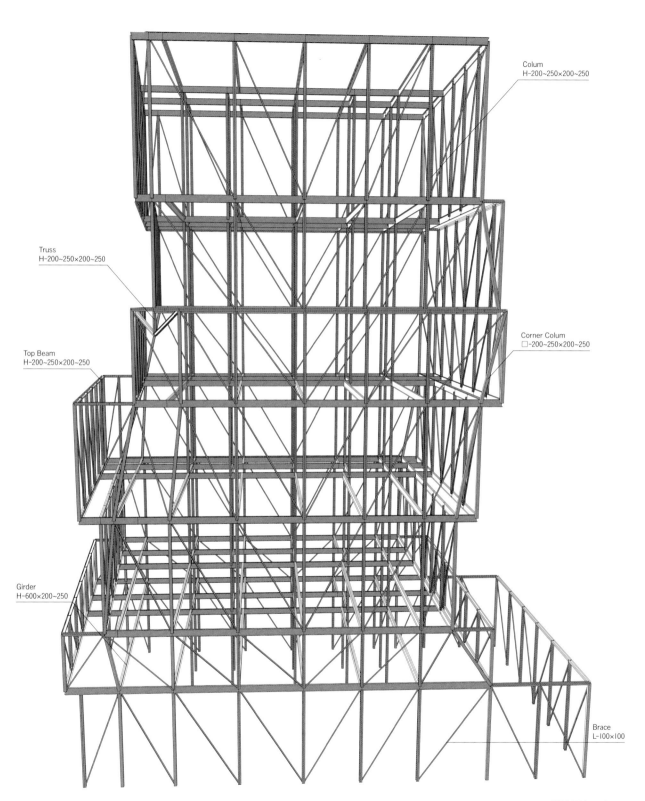

構造アクソメ

隣接する建物と地下掘削

地下1階と基礎の施工

地上鉄骨建方

地上鉄骨建方
(ブレースの配置状況)

鉄骨建方完了時

15 | 上海ヒマラヤセンター　HIMALAYAS CENTER | 磯崎新　ARATA ISOZAKI | 2003-2010年　中国・上海市

　上海浦東地区に建設されたホテルと商業施設、美術館を中心とした延床面積約15万㎡の複合施設である。北側に地下3階/地上18階建ての「ホテル棟」、南側に地下3階/地上8階建ての「芸術家創作棟」が配され、それらを異形体と呼ばれる有機的な鉄筋コンクリート造のチューブ状構造体が林立する「異形体棟」がつないでいる。この異形体棟の基本設計をSasaki and Partners/SAPSが担当した。異形体棟は幅60m・長さ90m・高さ30m、延床面積16000㎡（屋根面含む）であり、1600人収容の多目的ホールと美術館の一部機能、屋上庭園を有している。

異形体棟内部　両側の矩形のヴォリュームをつなぐ異形体棟には、屋上空間、地上16.2mレベルの1600人収容の多目的ホール、地表面の600人収容の異形体広場と3つの劇場空間が内包されている。

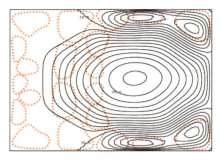
構造形態創生法による大屋根シェル等高線図

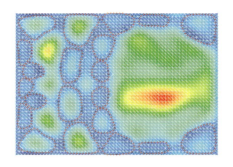
大屋根シェルの変形図(赤点は支持点を表す)

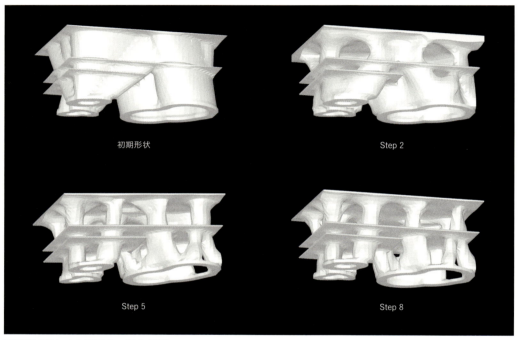
拡張ESO法による異形体の進化過程

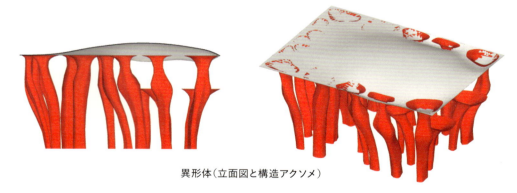
異形体(立面図と構造アクソメ)

構造計画

　異形体は癒着と分離を繰り返しながら樹枝状に地表面から伸び、地上16.2mレベルに浮かぶメイン空間を包み込みながら屋上庭園を支持している。構造体が配置可能な領域ならびに機能上必要な床および大屋根の位置関係を建築計画的な与条件として設定した上で、「拡張ESO法(進化論的構造最適化手法)」を適用することによって、その形態が導き出されている。

　約45m×50mの無柱空間を有する多目的ホールを覆う大屋根は、厚さ300mmの鉄筋コンクリートシェル構造であり、「豊島美術館」などと同様、構造形態創生法によりそのシェル曲面形状を決定している。この大屋根ライズ部の屋上は、ホテル棟側に配された屋上舞台に対する観客席としての機能も有している。

モックアップの様子

モックアップ

　異形体は高さ300mm（局部150mm）ピッチでスライスしながら多面体近似した型枠を外側に配置し、そこから構造体の厚み分オフセットした位置にラス型枠を固定する方式で型枠工事が行われた。コンクリートの打設は、異形体曲率によるコンクリート充填性の違いに配慮して900mmごとと1800mmごとの打設高さを使い分けて行われた。

異形体の配筋

異形体の施工時（俯瞰）

異形体のコンクリート打設状況

大屋根シェルの配筋状況

151

16 | 瞑想の森 市営斎場 'MEISOU NO MORI' MUNICIPAL FUNERAL HALL | 伊東豊雄 TOYO ITO | 2004-2006年 岐阜県各務原市

　岐阜県各務原市の山際に建つ市営斎場である。老朽化した旧火葬場の改築のため、敷地を含む公園計画の一環として計画された。
　建物は、平屋建て(一部2階建て)で、耐力壁を有する鉄筋コンクリート造を主体構造とし、その上部を1枚の連続した薄い布のような鉄筋コンクリート自由曲面シェル構造の大屋根が覆う計画である。周囲のランドスケープとも調和したデザインとなった。

エントランスから建物内部を見る　内部から軽やかな自由曲面シェルを感じることができる。

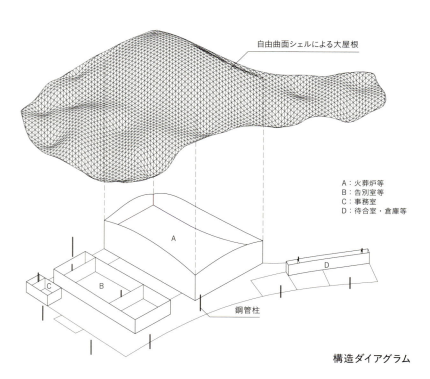

自由曲面シェルによる大屋根

A：火葬炉等
B：告別室等
C：事務室
D：待合室・倉庫等

鋼管柱

構造ダイアグラム

構造計画

　主体構造は、大小4つの建屋のブロックからなる。各ブロックに配置されている耐力壁は200〜400mm厚、その他の雑壁は120〜200mm厚である。これらの耐力壁あるいは耐力壁から伸びるRC造の柱、および外周にランダムに配置された数本の鋼管支柱（φ216.3×12）によって、大屋根の鉛直荷重を支持する。地震力や風荷重といった水平力に対しては、耐力壁によって抵抗している。

　大屋根は長辺約80m、短辺約60m、厚さ200mmの自由曲面シェルで構成されている。大屋根の形態は、「ぐりんぐりん」で用いた方法と同じコンピュータによる形態解析手法を用いて求められた。すなわち、建築家が設定した初期形状に感度解析手法を用いて若干の力学的修正を加えることにより、曲げ応力が極力少なく、歪みエネルギーと変形が極小になるような形態抵抗型の曲面構造を求め、屋根の形態としている。その結果、視覚的にもきわめて軽やかで合理的な屋根を実現することができた。

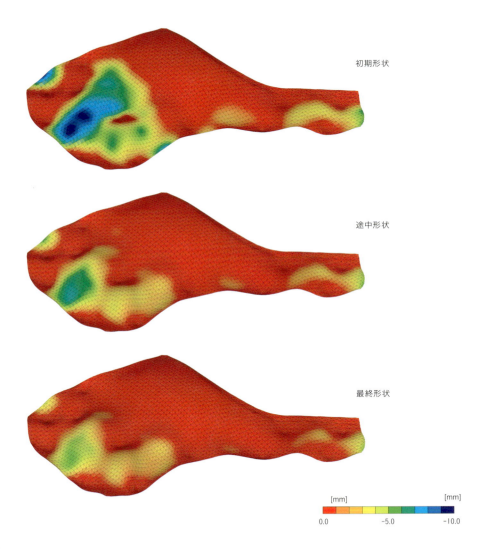

形態解析過程における鉛直変位分布

自由曲面シェルの形態解析

　形態解析モデルは1mグリッドからなる三角形シェル要素で構成されており、支持条件は鉛直力のみを受ける外周部の支柱をローラー支持、水平抵抗要素としての壁や柱はピン支持としている。支配的な荷重条件として屋根面に鉛直等分布荷重6.0kN/㎡を想定した。コンター図は鉛直変位分布について、初期形状から最終形状にいたるまで連続的に示したものである。形態が進化するにしたがって、全体の鉛直変形量が劇的に減少している様子がうかがえる。

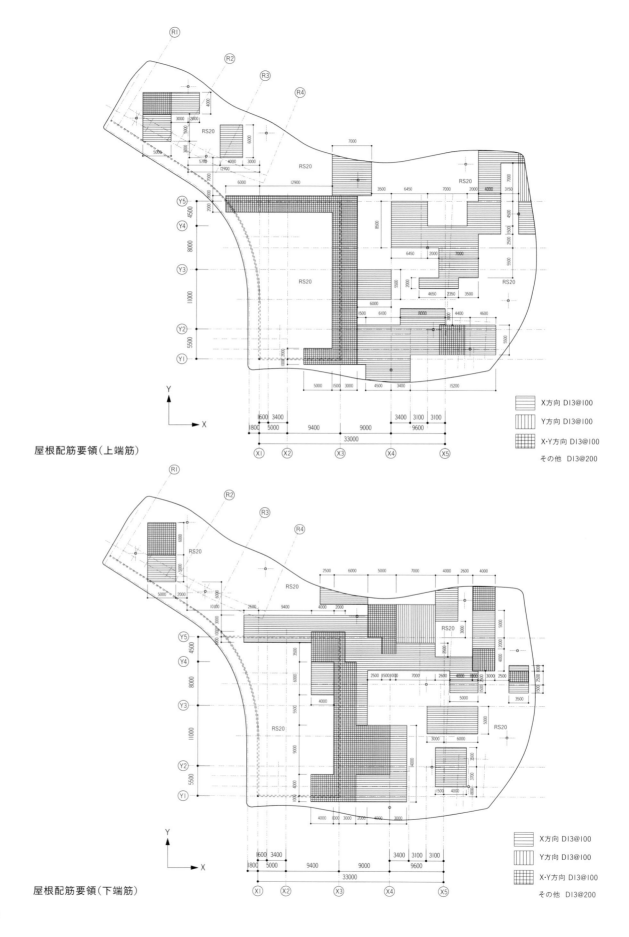

屋根配筋要領（上端筋）

屋根配筋要領（下端筋）

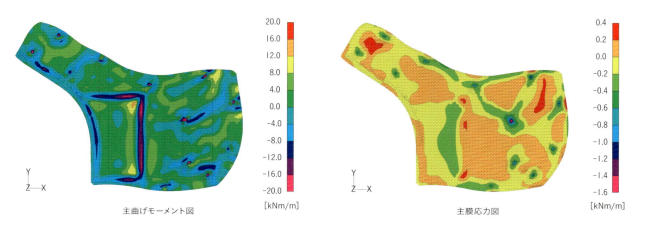

主曲げモーメント図 [kNm/m]　　主膜応力図 [kNm/m]

鉛直荷重時応力図

自由曲面シェルの解析と設計

　形態解析で得られた最終形状について、汎用プログラム(MSC/Nastran)を用いたFEM解析を行い、構造の安全性を検証した。ここに鉛直荷重時の解析結果(主膜応力度の分布図、主曲げモーメントの分布図)を示す。

　これらの解析結果に基づいて配筋を定める。屋根の主筋については、さまざまな曲率をもち、起伏が多い曲面によくなじむように径の細いD13を用い、間隔は200mmを標準として、応力状態に応じて部分的に100mm間隔としている。

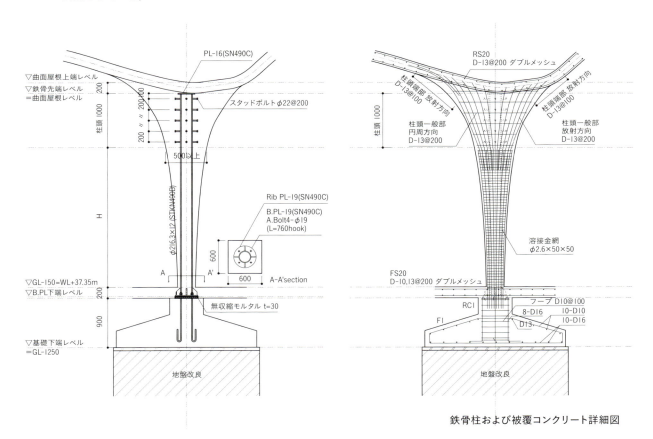

鉄骨柱および被覆コンクリート詳細図

鉄骨ポスト柱

　鋼管を用いた鉄骨ポスト柱は、屋根の鉛直支持材として合計12本、建物外周に配置された。鉄骨柱は、円錐状にコンクリートで被覆され、さまざまな屋根形状となめらかに連続する形状とし、また、建築計画に合わせて雨水竪樋管を鋼管内に内蔵させている。

屋根型枠(奥)と配筋(手前)の様子
右奥は大引、その手前および左側に根太、その手前がせき板合板により型枠が製作される様子。根太および合板は、12mm厚以下の板厚を重ねることで、起伏の大きい自由な形状にも追従する。

屋根配筋完了時
起伏が大きい屋根形状になじむように、鉄筋はD13を用い、その粗密を変えることで断面の調整をしている。

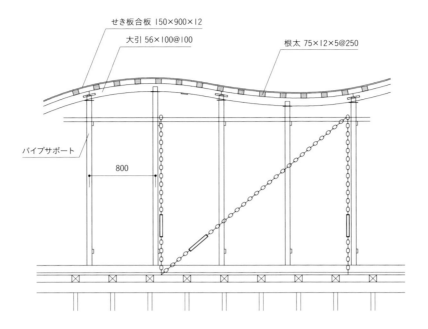

特殊型枠工法(鉛直断面)

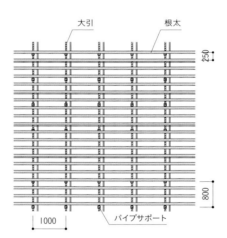

特殊型枠工法(平面)

施工

　三次元デジタルデータを駆使し、一般的なベニヤ型枠工法に工夫を加えた特殊型枠工法(大引き、根太、せき板、サポート支柱)が新たに考案された。

　まず、設計者側から三次元データで与えられた1mグリッドごとの構造高さを基準にして、この高さを守るための定規として、工場でなめらかに曲線加工された大引きを1mピッチに配し、サポートの上下により高さを保持する。次に、75×12mmの小幅板を5枚重ねとする根太を250mmピッチに配し、小幅板のしなりを利用してなめらかな曲線群をつくる。そして、最後に幅150mmの型枠用合板を、根太にそのしなりを利用して張り付けることによって、なめらかな曲面型枠を形成するという3段構成の型枠工法である。

自由曲面屋根型枠の様子
大引と根太および大引を支持する
パイプサポートを見る。

上面から見た自由曲面屋根型枠
せき板（幅150mm）が曲面に合わ
せて配されている。

屋根型枠脱型時の内観
奥に鉄骨柱被覆コンクリートの型
枠が見える。

自由曲面屋根のコンクリート打設完了時

17 | 多摩美術大学図書館（八王子キャンパス）TAMA ART UNIVERSITY LIBRARY (HACHIOJI CAMPUS) | 伊東豊雄 TOYO ITO | 2004-20

東京郊外にある多摩美術大学の図書館。構造のコンセプトを一言でいえば、「新しいSC（鋼板＋コンクリート）アーチ構造のデザインの実現」に尽きる。そのための構想は大きく2段階あって、ひとつはこの建築空間の目的にかなう現代的な新しいアーチ構造の構想であり、もうひとつはそれを実現するための技術的手段である新しいSC構造の構想であった。

TAMA ART UNIVERSITY LIBRARY (HACHIOJI CAMPUS)

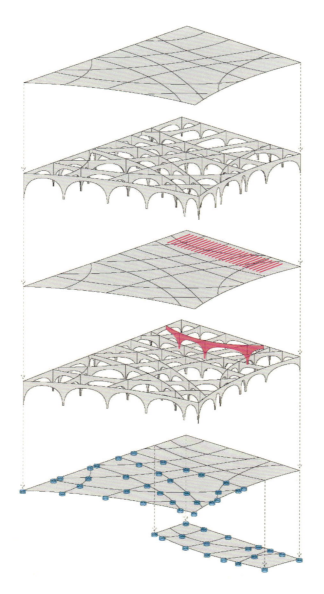

屋根スラブ	

屋根スラブ

RCボイドスラブ
t=250-450
コンクリートの内部に中空層を設けることで、表面に小梁のないフラットなスラブをつくることができる。ボイドスラブの採用により、アーチの配置をグリッドに縛られることなく設計することができ、ゆるやかにカーブするランダムなアーチラインが可能となる。

2階アーチ

SC構造
t=200
免震装置とアーチ構造の組み合わせにより、1階2階とも耐震壁や耐震コアが不要となる。柱の接地面積が小さいので、広々としたワンルーム空間に、書架や閲覧スペースを自由に配置することを可能とした。

2階スラブ

RCボイドスラブ
t=250-450
図書館のメインフロアとなる2階スラブは、図書館として十分な強度を確保できるように積載荷重を設定した。また、積層閉架書庫部（図中斜線部）では1階にアーチ列を追加することでさらに強度を上げ、蔵書の増加にも対応できる設計となっている。

1階アーチ

SC構造
t=200
鋼板をコンクリートで被覆した、スレンダーな構造体。足下を細く絞り込むことで、目線レベルでの見渡しがよく、上部の積載荷重が多く想定される箇所では、アーチの密度を上げる計画とした。

1階スラブ（一部地下1階）

RCスラブ
t=180-200
床下免震
基礎免震を採用した。免震機構によって、上部の構造体がスリムになるだけでなく、地震時の書架の転倒や図書の飛び出しなどを抑える効果を期待している。

構造ダイアグラム

現代的なアーチ構造の構想

　平面的には空間のヴォリュームに応じて仕切られたゆるやかにカーブする仮想の壁面が想定され、それらの壁面が交差する点を支持点として、大小さまざまなスパンの曲線状の壁面アーチ列を構成する。さらに、抽象化された緊張感の高い現代的なアーチとするためにRCの壁厚は極力薄く、また立面的には開口形状は自由とし、クロス脚部はピンヒールのごとくエレガントに絞り込むなどのデザイン目標を設定する。それらが構造的にどこまで可能であるか、それが構造デザインを決める決定的なポイントであると判断し、具体的にはRCの壁厚は20cm、クロス脚部の寸法は20×40cmとすることを目標に設定して、次に実現のための技術的手段の構想へとフェーズを移行した。

SC構造（鋼板＋コンクリート）の構想

　最大スパンが約13m、最大階高が約7.5m、比較的大きな床荷重（ボイドスラブの自重、図書館の積載荷重）などを考慮に入れて、壁面アーチの形状より構造的なウィークポイントはピン支点的な1階脚部に特定されることから、もっとも不利な1階脚部について簡単な試算を行い、長期軸力が約250トン、地震時（非免震時）の短期せん断力が50トンにいたることをまず把握する。そして、前述の目標設定を遂行するために、ここでは鉄の強度比（コンクリートに比して圧縮は約10倍、せん断は約100倍）をごく素直に利用して、一連に開発してきたSC構造の新しい展開としてRC壁の内部にアーチ状のフランジ・リブと薄い鋼板ウェブを埋め込んだ、ごくプリミティブなSCアーチ構造を提案したのである。

佐々木による初期スケッチ
SC構造の構想。各部材のプロポーションのスタディ。

各構造の役割

　構造の役割分担としては、構造的に必要な耐力を確保する主役をスティールとし、コンクリートは局部座屈、剛性不足、耐火性能など主役の弱点を名脇役として専ら補佐するという構図である。しかし別な視点から見れば、スティールはコンクリートに内包されているわけだから、表現としての主役はコンクリート（打放し仕上げ）であるともいえる。ともかくこのSCアーチ構造の提案により、構造的には剛強でありながら表現的には優美な現代的アーチの実現への見通しが明瞭になったのである。なお、このSCアーチのデザイン的なイメージをさらに助長する手段として、また、図書館としての機能（地震時の書棚の転倒や図書の飛び出しの防止）も配慮して、この構想段階において同時に免震構造を提案した。

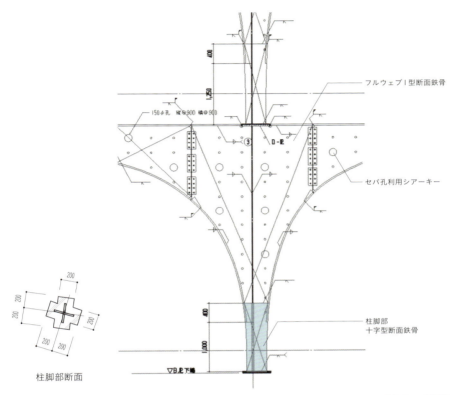

SCアーチ構造詳細図

SCアーチ構造の鋼板および配筋状況

脚部の鋼板および配筋状況

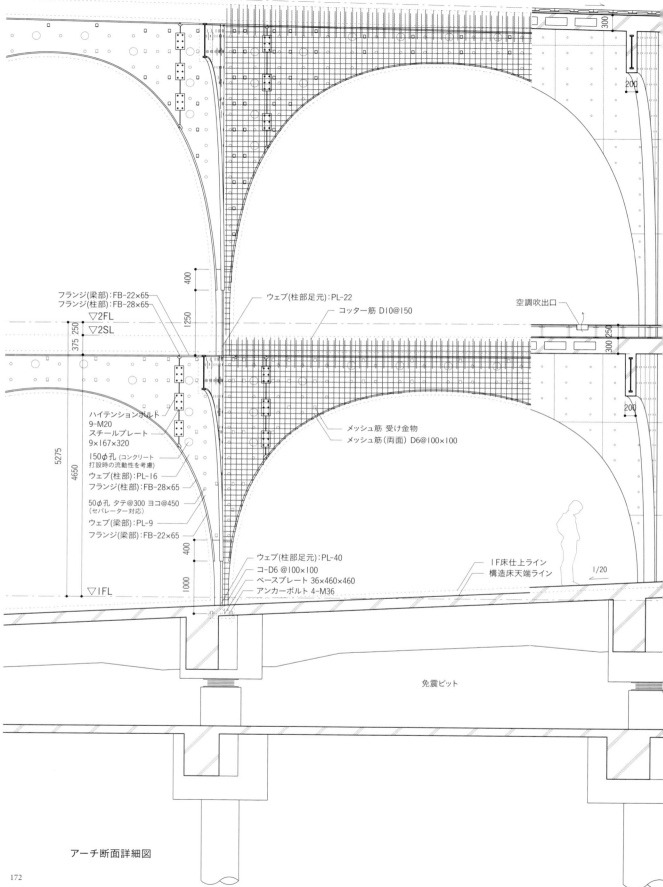

アーチ断面詳細図

屋根：コンクリート成形版 t=45
断熱材：架橋型ポリスチレンフォーム保温板 t=25
アスファルト防水 (A-PF)

床：タイルカーペット t=10 1000角
　　フリーアクセスフロア 500角
スラブ上断熱材 t=20
ボイドスラブ t=300

天井：RC化粧打放しの上 疎水剤材塗布
壁：RC化粧打放しの上 疎水剤材塗布

スチールマリオン

フロートガラス t=15
飛散防止フィルム貼

床：RC打放し t=100 D10@100
　　(合金骨材配合強靭床仕上材塗付)

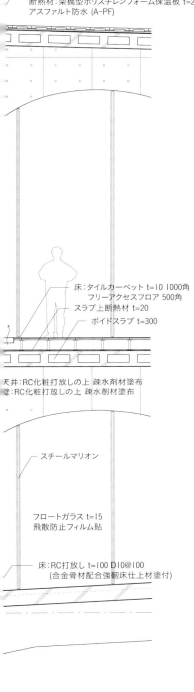

型枠施工中のアーチ足元

地下免震層　高減衰系積層ゴムと滑り支承が併用されている。

18 | 豊島美術館 Teshima Art Museum | 西沢立衛 RYUE NISHIZAWA | 2004-2010年 香川県小豆郡

内藤礼「母型」(2010年)

「水滴」 この建物のコンセプトであり、この建物自体も美術作品の一部と考えられた。

コンセプトは「水滴」

　瀬戸内海に浮かぶ香川県の豊島に2010年に建設された豊島美術館は、美術家・内藤礼と建築家・西沢立衛とのコラボレーションによる美術館である。敷地は、瀬戸内海を望む小高い丘の中腹にあり、そこでは棚田と自然が混ざり合った環境となっている。

　豊島の環境とうまく調和しながら、内藤氏の作品と共存する建築空間のあり方として、西沢氏は、「水滴」をコンセプトとし、曲面屋根が低く広がるワンルーム空間を提案した。

　この建築コンセプトから、構造設計においては、扁平な自由曲面をもつ鉄筋コンクリートシェルの実現という大きな課題に、造形性と構造的な合理性とを両立させながら挑戦することとなった。本建物のシェル構造はライズスパン比にして約1/8と、このスパンでは他に類を見ないほどの低ライズRCシェルである。

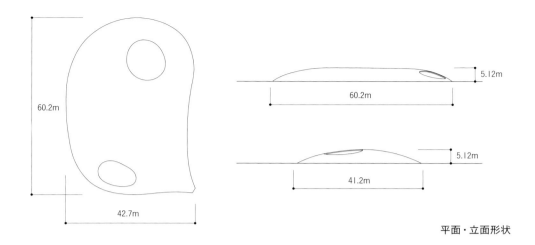

平面・立面形状

自由曲面RCシェル構造

建物の構造は、長辺60.2m、短辺42.7mの不整形な楕円形状の平面を覆うRC造のシェル屋根構造(最大スパン41.2m、最大ライズ5.12m)と、屋根構造からの鉛直力を主に支持するRC造の布基礎、スラストに対処するタイビームとしてのプレストレスト鉄筋コンクリート(PRC)造またはRC造の基礎梁、基礎全体を剛体的に挙動させるための土間コンクリートからなる基礎構造により構成されている。

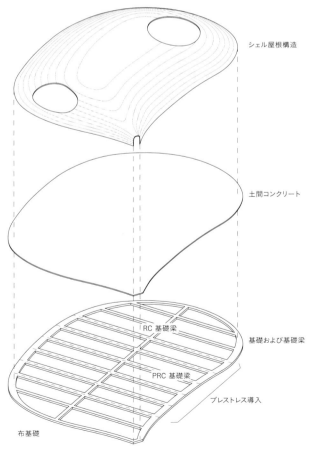

構造ダイアグラム

構造形態創生法によるシェル曲面形状の決定

シェル屋根の曲面形状は、建築家と美術家の水滴のコンセプトから設定された形状を、そのイメージを損なわない範囲で、構造形態創生法により力学的に合理的な形状に修正したものを用いている。

シェル厚を250mmとし、最大ライズ5.12mまでという条件のもと、形態創生手法によりシェル屋根形状を導出した結果を示す。形状修正過程における全歪みエネルギーおよび最大鉛直変位の推移と初期形状と最終形状の形状変化および鉛直変位分布の推移を示す。

形状修正にともない、全歪みエネルギーおよび鉛直変位が小さくなっていることが確認できる。また、初期形状と最終形状との座標の変化量の最大値は400mm程度である。これらより曲面形状のイメージを損なわずに、より合理的なシェル形状を導出できているといえる。

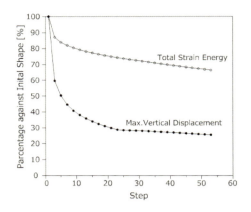

解析結果の推移
形状修正を繰り返すことで、歪みエネルギー・最大鉛直変位が減少し、力学的合理性をもった形態になっていく。

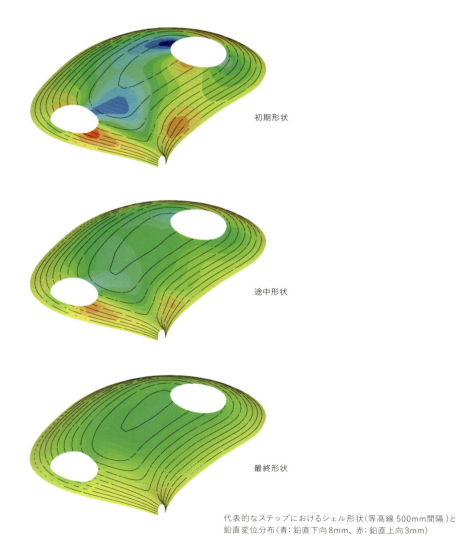

初期形状

途中形状

最終形状

代表的なステップにおけるシェル形状（等高線500mm間隔）と鉛直変位分布（青：鉛直下向8mm、赤：鉛直上向3mm）

シェル形状の修正過程

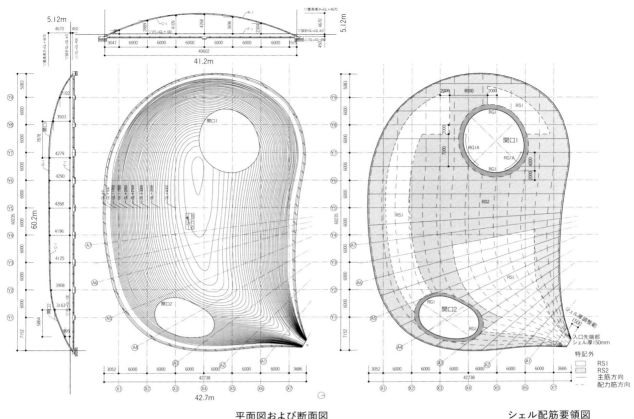

平面図および断面図

シェル配筋要領図

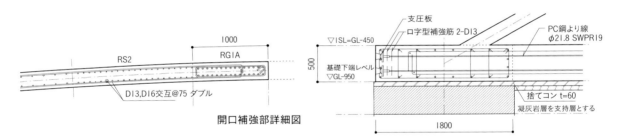

開口補強部詳細図

シェル屋根脚部詳細図

RCシェル屋根構造の設計

本シェルの設計上の特徴としては、a)ライズスパン比で約1/8と非常に扁平なシェルであること、b)RCシェルであること、c)幾何学的関数によらない自由曲面シェルであること、以上の3点が挙げられる。この3つの特徴から、設計上、その安定性の評価が重要になる。シェルの塑性変形を含めた座屈荷重を下表に挙げる要因を考慮して複合非線形解析により算出し、検討を行った。

要因	要因の評価方法
(1) コンクリートのクリープ	常時荷重に対してはクリープ係数 1.05 とした修正ヤング係数法を採用し、地震荷重に対しては、クリープなしとして、常時荷重と地震荷重の比に応じてヤング係数を低減
(2) コンクリートのひび割れと配筋	長期荷重（温度変化・乾燥収縮を考慮）時のひび割れについては剛性低下を等価線形化剛性で評価 地震時のひび割れについては材料非線形解析により評価
(3) 施工誤差による形状初期不整	不整モードを常時荷重時の座屈モードとした施工誤差最大 20mm をシェル形状に入力
(4) 長期たわみによる形状初期不整	常時荷重を載荷した状態で地震荷重を漸増させることにより評価
(5) シェル厚の施工誤差	設計シェル厚 250mm から施工誤差 5mm を減じて一律にシェル厚を 245mm としてモデル化
(6) 大変形にともなう付加応力	幾何学的非線形解析により評価
(7) コンクリートの塑性化	材料非線形解析により評価

シェルの座屈荷重にかかわる要因とその評価方法

土盛型枠の施工　　　　　　　　　　　　　　　　　　　土盛型枠上面のモルタル仕上げと精度管理点

シェル屋根の配筋　　　　　　　　　　　　　　　　　　シェルのコンクリート打設

土盛型枠工法

　シェル屋根内面は化粧打放仕上げとなっており、コンクリートの打継や型枠の継目のない、一様なコンクリートの仕上げ表面が要求された。また、施工精度管理目標値として、コンクリート打設時のシェル厚は±5mm、シェル形状の誤差は±10mmと設定したため、高精度の施工管理が要求された。そこでシェルの形状に土盛りを行い、その土盛りを支保工と考え、表面にモルタル仕上げを施し、三次元自由曲面を形成、それを型枠としてコンクリートを打設する工法を採用した。

光波測定機による精度管理

土盛型枠の撤去

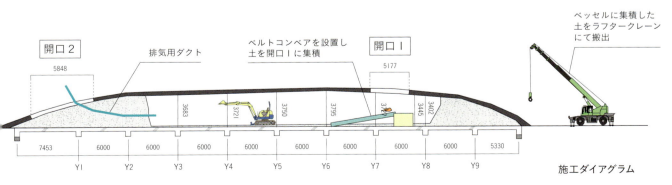

施工ダイアグラム

19 | カタール国立コンベンションセンター QATAR NATIONAL CONVENTION CENTER | 磯崎新 ARATA ISOZAKI | 2004-2011年

188

「カタール・エデュケーション・シティ」の中核施設となる幅250m×奥行き115mの平面をもつ巨大なコンベンションセンターで、劇場やカンファレンスホール、2つの展示ホール、オーディトリアム、その他大小さまざまな会議室によって構成されている。これらが、正面に配置された幅250m×奥行き30m×高さ20mのエントランスホール棟によって結びつけられている。この主体構造として構想された樹木形状がカタールで古くから愛されているSidra（砂漠の厳しい環境に適合する強靭な樹木）を思わせるところから、「Sidra Tree」と命名された。

構造計画

樹木状の「Sidra Tree」の構造形態は3D拡張ESO法（三次元構造物への拡張進化論的構造最適化手法）を適用して創成している。この手法は樹木の構造と同様にユニフォーム・ストレスへの進化を力学原理とする形態解析手法で、すでに「フィレンツェ新駅」の形態デザインにおいて適用を試みたものだが、ここで初めて実現へといたった。

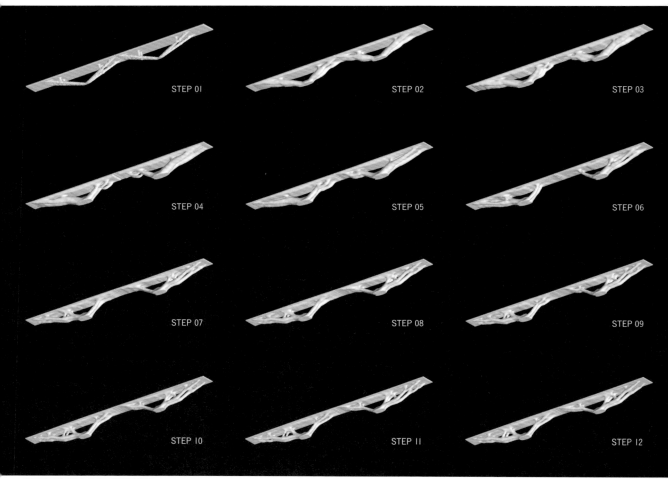

3D拡張ESO法による形態解析過程

形態解析

フラットな屋根をもつ250m×30m×20mの空間領域内に、荷重条件を鉛直荷重、支点数は2箇所のみとして、支点間距離を150m/130m/100mの3パターンで解析を行った。支点間距離によって片持部と中央部のスパンの比率が変わり、それに応じて片持部は分岐形状の、中央部はアーチあるいは一部カテナリー形状をもつ力学原理に即した合理的な構造体が得られた。ここでは支点距離の異なる3案の中からもっともシンプルでシンボリックな形態をもつ中央部スパン100m、片持部スパン75mの案を採用した。

室内部のチューブの外皮の様子

構造設計・施工計画

　ここでは、得られた構造形態に対して、その表面を構造体にしている。大屋根は版自体に生じる曲げ応力に応じて1〜3mの厚みをもっており、上下ともに9mmの鋼板サンドイッチ版で構成される。支持構造のチューブは、応力、剛性、チューブ交差部の補剛効果などを考慮して、サンドイッチ版の版厚(200-300mm)/鋼板厚(6-12mm)/コンクリート充填の組み合わせで3種類の断面構成を与えた。

　この構造は鉛直荷重が支配的になるが、温度変化($\pm 30°C$)による熱膨張の挙動に関しても詳細に検討を行っている。また、脚部の支点間はアーチのスラスト力を処理するため、プレストレスを導入した剛強なRC梁によって連結させている。

　基本設計時にSasaki and Partners/SAPSにより提案したこれらのシステムに対して、実施設計では現地での鉄骨製作会社の能力と製作コストなどの観点から、表面をそのまま構造体とするのではなく八角形の断面をもったチューブが軸線に沿って連続していく構造体(板厚30〜50mm)に単純化された。外皮面の仕上げは6mmの鋼板によって当初の形態そのままを形成している。

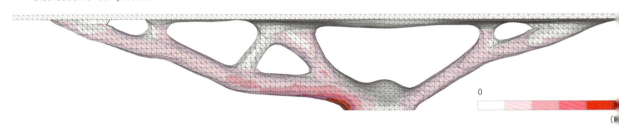

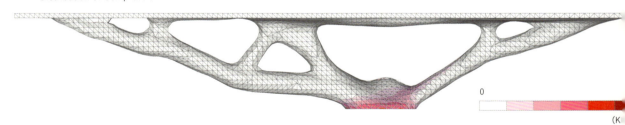

基本設計時のスタディ
応力解析結果(上:鉛直荷重時、下:温度荷重時)

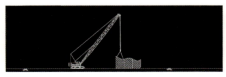

STEP 1
ERECT TRUNK PORTION
BY CRAWLER CRANE

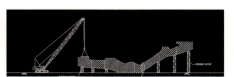

STEP 2
INSTALL TEMPORARY SUPPORTS
AND ERECT BRANCHES

STEP 3
CONTINUE INSTALLATION OF
TEMPORARY SUPPORTS AND
ERECTION OF BRANCHES

施工計画案

...stribution of Tension

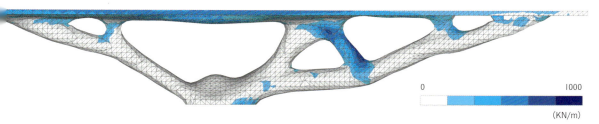

...stribution of Tension

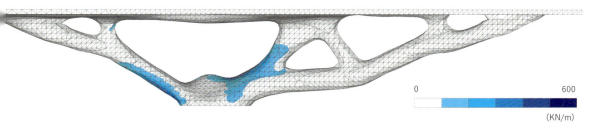

4
...LL TEMPORARY SUPPORTS
...ERECT LEAF

STEP 5
CONTINUE INSTALLATION OF
TEMPORARY SUPPORTS AND
ERECTION OF BRANCHES

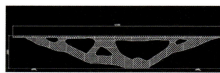

STEP 6
REMOVE TEMPORARY SUPPORTS

地組されたチューブを建方用の仮設鉄骨が取り巻く

エントランス主体鉄骨架構全景

地組されたチューブ部材

20 | 座・高円寺 ZA-KOENJI PUBLIC THEATRE | 伊東豊雄 TOYO ITO | 2005-2008年　東京都杉並区

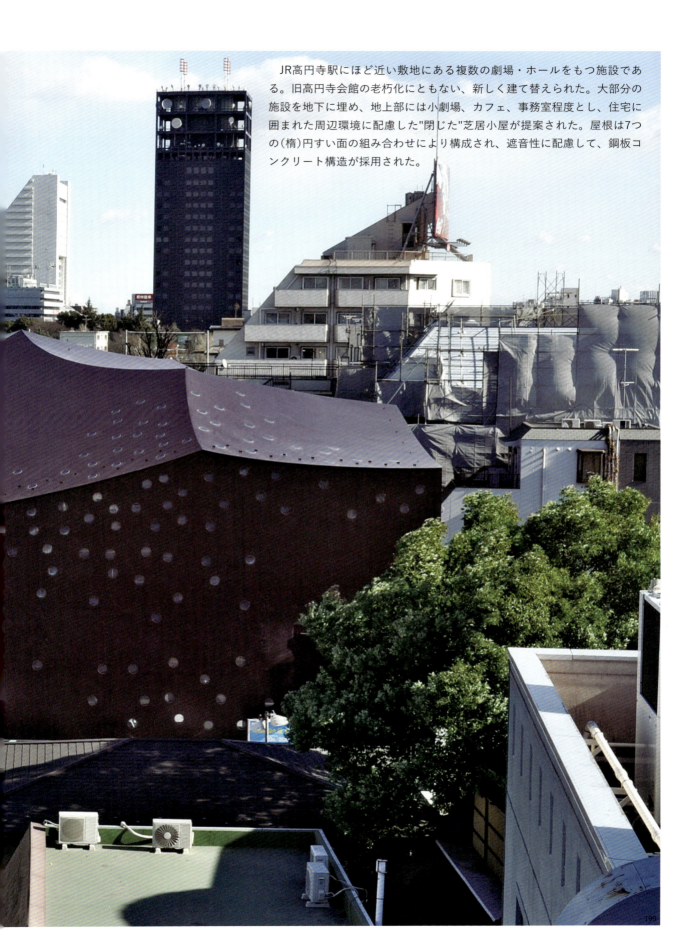

JR高円寺駅にほど近い敷地にある複数の劇場・ホールをもつ施設である。旧高円寺会館の老朽化にともない、新しく建て替えられた。大部分の施設を地下に埋め、地上部には小劇場、カフェ、事務室程度とし、住宅に囲まれた周辺環境に配慮した"閉じた"芝居小屋が提案された。屋根は7つの(楕)円すい面の組み合わせにより構成され、遮音性に配慮して、鋼板コンクリート構造が採用された。

外観模型

閉じた芝居小屋

　コンペでのコンセプトは「閉じられた箱の中の劇場」であり、外側を鉄板で覆うという強いイメージがあった。また、遮音性能を確保するためにコンクリートを用いることが求められていたこともあり、鋼板コンクリート構造のシステムを壁部分に採用した。

　コンペ後、「閉じられた芝居小屋」のイメージを保ちつつ、より「小屋」あるいは「黒テント」のシンボル性を強くするため、フラットであった屋根面を変化させていった。劇場の天井高や気積を確保すること、厳しい斜線制限をクリアすることが主要な条件となる中、平面的操作が不可能な敷地条件の中で屋根面の操作によって、いかにシンボル性をもたせられるか、繰り返し検討が行われた。

　屋根形状は、複数の波がぶつかる建築イメージで、凹面の集合で全体をなめらかに覆う構成になった。屋根形状の検討にあたり、構造的に懸垂面が合理的であることを提案、曲面をつくるルールとして、製作性や施工性を考慮して、平面への展開が可能な一方向曲率の円すい・円筒面を用いることにした。複数の曲面によって形成されるホール上部の屋根は、稜線に沿ったX型のトラス梁によって支持され、下弦材はスノコ面に利用する計画とした。以上のルールをもとに、空間の制約条件を満足させた屋根形状が決定した。

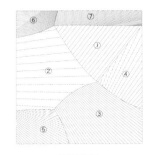

屋根伏図

鋼板コンクリート
t=160 (Steel PL-12)

曲面

屋根楕円すい面の定義
7つの楕円すいにより屋根の
形状は定義された。

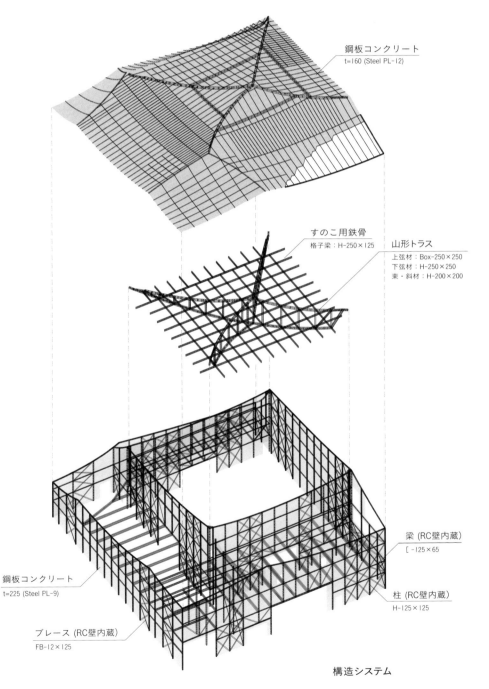

すのこ用鉄骨
格子梁：H-250×125

山形トラス
上弦材：Box-250×250
下弦材：H-250×250
束・斜材：H-200×200

梁 (RC壁内蔵)
[-125×65

柱 (RC壁内蔵)
H-125×125

鋼板コンクリート
t=225 (Steel PL-9)

ブレース (RC壁内蔵)
FB-12×125

構造システム

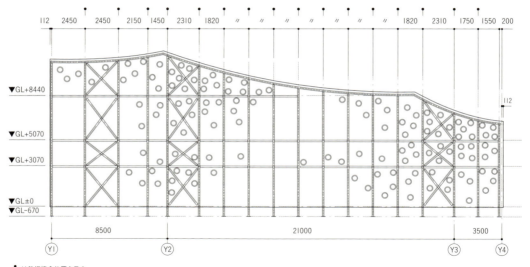

↑は鉄板接合位置を示す。

鉄骨軸組図

壁用鋼板の工場製作の様子

壁パネルの現場建方

鋼板コンクリート構造

　屋根および壁は、鉄骨フレームを内蔵する片側鋼板の鋼板コンクリート構造とし、コンクリートは鋼材の座屈補剛および耐火被覆として用いている。

　21×21mのホール上部は、稜線に沿ったX型の山形トラスにより屋根を支持している。160mm厚の屋根はPL-12mmの上面鋼板に12×100mmを標準とするリブが455〜910mmの間隔で配置され、コンクリートと一体となる。

　225mm厚の外壁は1.82mピッチで配されたH-125×125の柱(コーナー部■-125×125)、C-125×65の梁、FB-12×125のブレースおよび、PL-9mmの片面鋼板とコンクリートにより構成される。ただし、防火上の理由で、鋼板を柱に直接溶接することができないことから、鋼板と柱との間に40mmのクリアランスを設け、柱・梁・ブレースはコンクリートに内蔵する計画とした。なお、柱に偏心接合された孔あき鋼板を主要な耐震要素とすることは健全でないと判断し、線材ブレースを主な耐震要素とした。

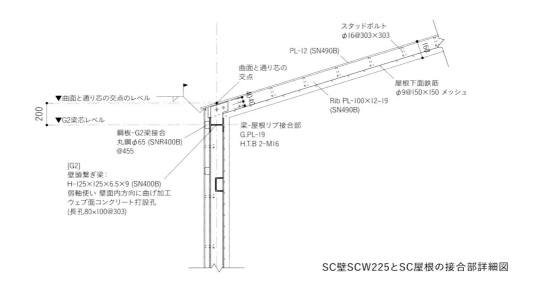

SC壁SCW225とSC屋根の接合部詳細図

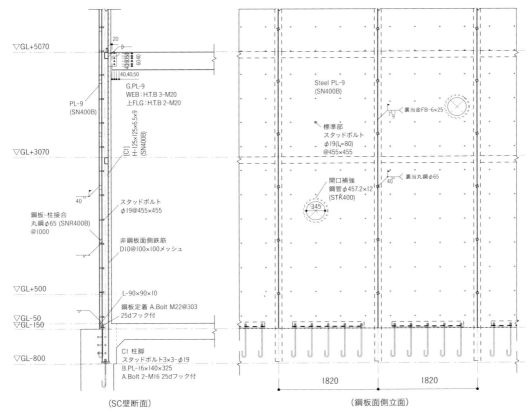

SC壁詳細図

壁および屋根の施工

　壁の施工に関しては、鋼板以外のフレームを先行して建てた後に鋼板を溶接していく。鋼板がない面は、在来型枠を用いてコンクリート打設を行った。屋根の施工に関しては、鉄骨工場にてリブ・スタッドボルト・建方用ピースなどが溶接されたパネル(2.3m×最大11m)に、現場内地上部でワイヤーメッシュ・鋼板捨て型枠(板厚2.3mm)を取り付けた後、屋根面の所定の位置にセットする。パネル同士を順次溶接していき、面が一体になった後に、高流動コンクリートを上面の打設孔から充填した。

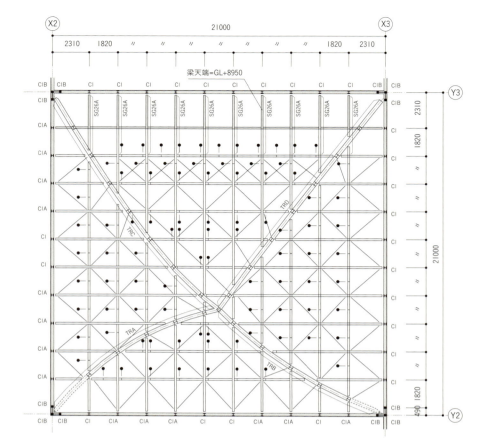

すのこ階梁伏図

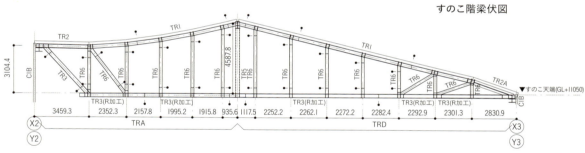

キールトラス展開図

キールトラスの工場仮組時の様子

鋼板(屋根パネル)の工場製作・仮組の様子

上弦材上端に鋼板取付用のピースが付いたキールトラスの建方

工場にてリブ等が取り付けられた屋根用鋼板の建込み

屋根建方完了

屋根下面のPL-2.3の捨て型枠とリブの間に配置されたワイヤーメッシュ

打設孔より高流動コンクリートを打設し、屋根パネルの施工完了

205

21 | ROLEXラーニングセンター ROLEX LEARNING CENTER | 妹島和世＋西沢立衛／SANAA KAZUYO SEJIMA+RYUE NISHIZAWA/

-2008年 スイス・ローザンヌ

　スイス・ローザンヌにある連邦工科大学の図書館である。建築計画上の意図に沿って、ゆるやかに大地が持ち上がったようなRC自由曲面シェルの床＋シェルとパラレルな鉄骨造の軽い屋根、という構成とした。シェルの形状は「ぐりんぐりん」などと同様、感度解析を用いた形態デザイン手法によって生成されたが、このプロジェクトで初めて床への適用を試みた。

　設計当初の条件として、できる限りゆるやかであること、シェルの下にバスや自動車が通れること、シェルの上を人が歩け、ある程度の範囲を車椅子でも通れること、南側のレストランからレマン湖を望めることなどがあった。さらに、シェルには多数の開口（パティオ）が設けられた。これらの構造的に挑戦的な条件を満足するため、繰り返しシミュレーションを行い、可能な限り曲げ応力が小さくなるような形態を選択した。

約80mスパンのRC自由曲面シェルの立面 床となっているシェル厚は600〜800mmとなっている。

RC自由曲面シェルの下面を見る

RC自由曲面シェル上部の内観　屋根は曲線加工された鉄骨大梁と木小梁により曲面が構成されている。

RCシェルの形態デザイン

　床面シェルの形態デザインにあたって、まず開口のない状態で形状を検討し、SANAAの意図に近い形で実現可能と思われるスパンと支持ラインの形状を決定した。次に、シェル内応力の流れを邪魔しない位置(重量が少なく構造的に有利な位置)を基準にして、意匠上要求された開口の位置と大きさ・形状の検討を行った。大スパン部や変形の大きな箇所に、最低限必要な支持点を追加して、さらに形態生成を行い、建築家と何度もすり合せを行って最終形状を決定した。
　形態の進化過程から見てとれるように、全体のジオメトリを極端に変化させることなく、構造的にはるかに合理的な形状が得られている。

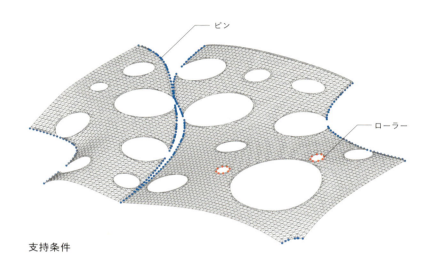

支持条件

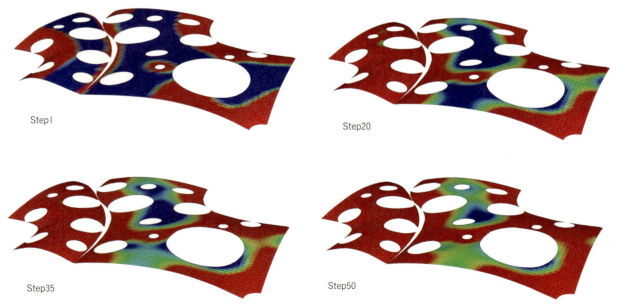

Step1　　　　　　　　　　　　　　　　Step20

Step35　　　　　　　　　　　　　　　Step50

形態進化プロセス

RC自由曲面シェルと中庭　シェルに設けられた開口部が中庭となり、学生たちは自由にそこを行き来する。

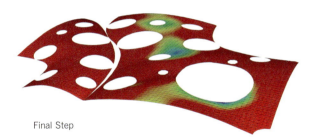

Final Step

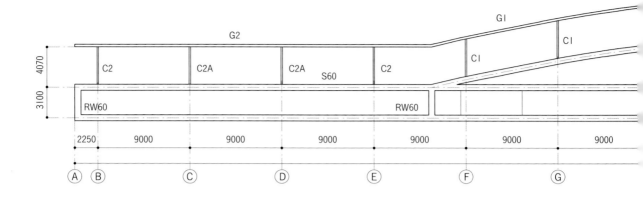

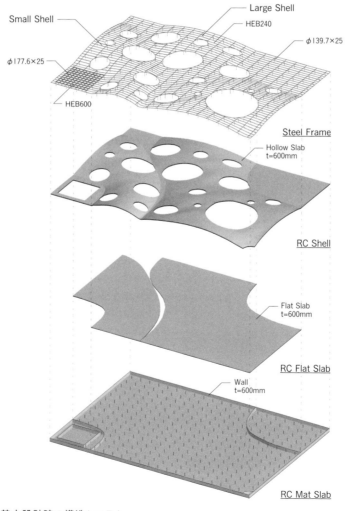

基本設計時の構造システム

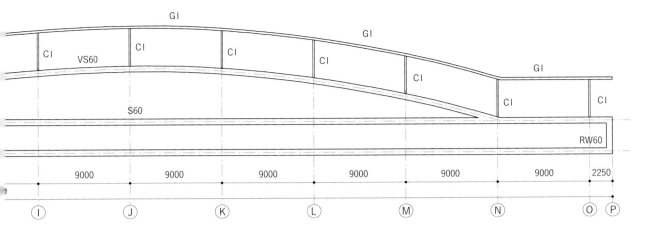

基本設計時の断面図

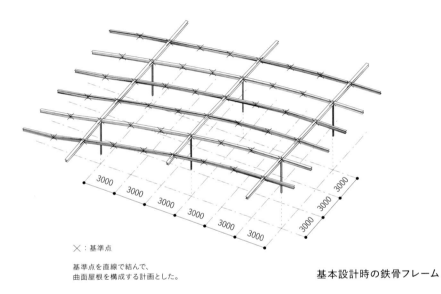

×：基準点

基準点を直線で結んで、
曲面屋根を構成する計画とした。

基本設計時の鉄骨フレーム

基本計画・実施設計

　形態解析で得られたシェル形状を用いて基本設計を行った。変形と自重のバランスおよび座屈解析の結果から、シェル厚は大シェル・小シェルともに、一律で600mmとし、D22・D19の鉄筋を最大100mmピッチで配した。シェル形状が十分になだらかなので、現場でなじませることができると判断した。スパンが大きく力が集中的に流れる部分に関しては、応力方向にH形鋼を内蔵して対処した。

　シェルのスラストは、地面レベルの600mm厚スラブの内部にストランドを配し、ポストテンションをかけて処理した。地下には駐車場があるが、シェルの支持部分には柱あるいは壁を配し、それ以外は8.0m×8.0mピッチでRC柱を立てている。

　上部の鉄骨造は、9.0mグリッドに柱φ139.7×25を並べ、二方向に大梁H-240×240×10×17を架けたシンプルな両方向ラーメン構造とした。シェル形状と平行にゆるやかにうねる屋根曲面は、3.0mごとに架けた小梁を大梁に追従させて計画した。

　実施設計はドイツの構造事務所（B+G Ingenieure）によって検討され、コストの面からいくつかの変更が加えられた。シェル厚は、大シェルで600～800mm厚、小シェルで400～500mm厚となり、内蔵鉄骨の代わりに最大でD50の鉄筋を最大75mmピッチで配した。鉄骨造部分は、曲面部分の小梁は木造に、両方向ラーメン構造は両方向ブレース構造になった。現場では、工場で2.5m×2.5mのブロック状に製作されたすべて異なる約1400の型枠をGPSを使って設置し、大シェルのコンクリートの打設は3日間、昼夜連続して行われた。

現場配筋の様子　シェルコンクリートの打設は打ち継ぎラインが出ないように昼夜連続して行われた。

INTERVIEW　KAZUYO SEJIMA+RYUE NISHIZAWA / SANAA

妹島和世・西沢立衛／SANAAインタビュー

聞き手：難波和彦
　　　　　グラフィック社編集部
同席：永井佑季（佐々木睦朗構造計画研究所）

＊ここでは伊東豊雄インタビュー（pp.124-129）に引き続き、聞き手・難波和彦による妹島和世＋西沢立衛/SANAAの特別インタビューを掲載する。

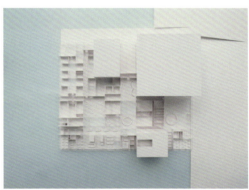
アルメラ模型

アルメラ外観

難波（以下、難） 去年、佐々木さんがエドワルド・トロハ賞を獲りましたね。この作品集がそのお祝いのひとつなればいいなと思っているところです。
僕の記憶が正しければ、SANAAと佐々木さんの協働は「マルチメディア工房」が最初ですか？

妹島（以下、妹） そうですね。そのときに難波さんにお電話して「佐々木さんに紹介していただけませんか」とお願いしました。そこからはじまっています。

難 そのちょっと前に伊東さんとも「大社文化プレイス」で初めてタッグを組んでいて。1995年頃ですね。

妹 あれは山手線だったかな。伊東豊雄さんと一緒に電車に乗っていたときに、「佐々木さんに頼むといいぞ」って言われたんです。頼むといいぞと言われてもそのまま頼めるものでもなくて。ちょうど初めての公共建築で、西沢と共同設計をはじめる「マルチメディア工房」のときに、思い切ってお願いしてみようと思い難波さんにお電話してご紹介いただきました。

編集部（以下、編） 佐々木さんに最初に会われたときの印象は覚えていますか？

妹 怖かったです（笑）。

西沢（以下、西） 佐々木さんはお考えになるときしばしば、自分の世界に入られるじゃないですか。タバコをくゆらせて、深く考えられる。話しかけるわけにはいかない感じで、、、あれは特別な瞬間でしたね。「マルチメディア工房」のときは最初の打ち合わせで、一通り議論して、その場は終わって事務所に戻ったら、佐々木事務所からFAXが届いていて、「自分はこれだったらやる」と。

妹 まだ具体的な話はほとんどしていない段階でしたが、でも帰って来てFAX見たら、ここはコンクリートになって、屋根は鉄骨になっていて……。その後に佐々木さんは電話で、「屋根は鉄骨じゃなくちゃだめだ」って西沢に言うわけです。私たちは何も反対していないし、そんなこと言われてもなあって思うわけです（笑）。それが最初ですね。

西 ただいつも一案がいきなりまとまるということばかりで

*『フェリックス・キャンデラの世界』TOTO出版 1995/08 pp.42-48 に収録

はありませんでした。むしろ僕らはいつも、いろんな案をいくつもお持ちして、佐々木さんと議論する、というパターンが基本でした。佐々木さんのお話をお聞きして、またスタディして、という感じ。

妹　そうですね。そういう打ち合わせを通して、今回の計画では、こういうことを考えるべきだというのを発見していったという感じだったと思います。
だからこちらがやりたいことをお持ちして、それを実現してくださいという流れとは全然違います。

難　その後に記憶に残るプロジェクトっていうのは？

西　もちろん全部ですが、まず思いつくのは「hhstyle.com」ですね。構造体が組み上がったときの驚きがありました。言ってみれば普通の軸組構造なんですが、とにかくきれいでした。構造家の力って、こういう普通の構造のときこそ出るんだなと思いました。「hhstyle.com」のストラクチャーがきれいなので、ここから仕上げをつけていくのがもったいないというか、申し訳ないという感じでした（笑）。

妹　同時期の「Small house」も思い出深いです。

西　あれもよかったですね。

妹　それから「スタッドシアター・アルメラ」。池田昌弘さんがアルメラまでいつも一緒に打ち合わせに来てくださいました。

西　「アルメラ」のときは、最初にわれわれがケント紙でスタディ模型をつくったんです（左頁）。普通スチレンボードでつくるべきものをケント紙ですから、壁がすごく薄いわけです。佐々木さんがそれをご覧になって、「面白い」と言ってくださって。そのまま実物大にすると、6cmくらいの厚さの壁になるということでつくったんですが。

妹　計算上はたしか3cmでよかったのですが、鉄板の厚さの予備とコンクリートの配筋のことを考慮して6cmがいいだろうということになったと思います。あの模型は私たちも驚いたんですよね。普段ならスタッフに「こんなヘナヘナな模型つくって」と怒ってしまいそうなものだけど、あのときは何かできそうと思わせる模型だった。佐々木さんもそれを共有してくれて。コンペの締め切り間近で方向が見つかってすごく興奮したのを覚えています。

編　佐々木事務所OBの方に話を聞くと、佐々木さんのスケール感の話がたびたび出てきます。たとえば、「30cmはだめだ、20cmだ」というような判断をなされると。それが佐々木さんの特徴をよく表しているのかなと思うのですが？

西　まさしくそうですね。佐々木さんはやっぱり空間的というか……。建築でもっとも重要なことのひとつに、スケール感をもって建設するというのがあるんだと、教えられます。佐々木さんの、なんといえばいいか、規模を空間的に把握する力っていうのかな。それは何度も素晴らしいと思いました。
キャンデラと佐々木さんの対談*があるじゃないですか。あれはいろんな点で感動的なものですが、ひとつ印象的だったのは、佐々木さんの規模に対する感受性の鋭さです。「バカルディの瓶詰工場」を見て、キャンデラがもつ理論の限界、それはひとつには規模の限界だと思うんですが、その限界をわかったうえでやっている凄みを感じたと佐々木さんがおっしゃっていました。あれは素晴らしい発言だと思います。

編　佐々木さん特有の美学があるってことですか？

西　美しいかどうかっていう話ではないんです。佐々木さんがその対談でおっしゃっていたのは、キャンデラのシェルは、コンピュータでシュミレーションを繰り返して出てきたものとはまったく異なるような、人間の力を感じる、ということでした。キャンデラの建築に佐々木さんは、形の良し悪しを見ているのでなくて、形の背後に何か、人間の経験と想像力の総合というか、生命感のようなものを見ていらっしゃるのです。構造力学はただの計算ではなくて、それは

219

人間の技であり、人間の芸術なんですね。構造家であれば誰であっても、スケールに関する揺るがない感覚があって、たとえば30m以下の建物だとこうなるけど、それを超えるとこうなってしまう、というのがあるわけじゃないですか。規模によって「やるべきこと」が変わるし、建築の面白さも変わる。スケールがもたらす世界の違いがあって、そういうスケール感覚の世界で佐々木さんは独創的な感覚をお持ちだと思います。

妹 目の前にどういうスケールが表れるか。20cmだから単純に薄いねという感覚でなく、このくらいのスケールだったらこうだというような……。それから佐々木さんはどういう使い方をするのかということをよく質問されます。構造について方向を考えられるとき、使用上のことをすごく聞かれて、それについてご説明しようとして、自分の中でもいろいろなことがクリアになってきたりする。つまりそのときにもう空間が問題になっていて、そこまでふまえて組み方をイメージしておられる。私の感覚では構造というか全体の組み立て方に近いような気がします。もちろん組み立て方にはスケールも入ってのことですが。

西 佐々木さんがおっしゃった通りにわれわれは模型をつくるわけです。その模型を佐々木さんにお見せするというのは、われわれにとってはすごい重要なことです。
模型をお見せすると、佐々木さんの中でまた何か変わる。「そういうことならこうした方がいいじゃないか」となる。佐々木さんと一緒にやっていると、構造の世界は本当に想像力が重要なんだなと思います。

妹 そうですね。佐々木さんが模型をご覧になってどのように反応されるか、それから私たちもまた学ぶことができます。佐々木さんは構造家の概念を広げられたと思います。

西 磯崎さんの「北方町生涯学習センターきらり」辺りから、構造が空間を創造するというふうになっていって、「ROLEXラーニングセンター」なんかもまさにそういう世界に突入して。

難 自由曲面の建築ですね？

西 はい。いまも覚えているんだけど、シェルとかアーチはどうしても急な形状になるじゃないですか。そうするとその上を歩けない。だからわれわれはライズをなるべく低くし

て、人が歩けるようにしたい。でも構造的にはやっぱりライズがあった方が有利ですね。それで模型を佐々木さんのところに持っていくと、しばらくして全然違う形がポンッと出てくる。佐々木事務所の、特殊なプログラムで解析してみると、思わぬところがポコンと出てきて、それがこちらに返ってくる。しかしそこが膨らむと困るので、われわれはまたそこを凹まして、他の形にしてまたお持ちすると、今度はまたポコンと別の場所が膨らんで……。そのときに佐々木さんがおっしゃったのが、「僕に文句を言われても困る」と。「僕じゃなくて、神様が決めたことなんだ」と（笑）。

妹　コンピュータだけだとだめで、佐々木さんが翻訳者のようにいてくれて建築になっていくような。

西　コンピュータこそ人間の判断を必要とする分野なんだと思います。素晴らしいなと思うのは、構造以外に興味が広がっていくことです。建築を構造と意匠に分割しない。佐々木さんとやっていると意匠が変わっていくのです。佐々木さんは昔、「空調もやりたい」とおっしゃっていましたよね？

永井（以下、永）　いまでも言ってますね。

妹　「アルメラ」のときに、「このまま構造だけやっていただけでは思う建築がつくれない」と、そういうお話をされたのを覚えています。

西　構造は、建築に秩序を与えると思うんです。その秩序が独創的である場合、建築はすごく面白くなるのですが、たぶん空調や環境計画も同じように、彼らならではのやり方で秩序を提示するんです。意匠ももちろんそういうところがありますから、それらはお互いに関心を持ち合うし、影響を与え合うのだろうなと思います。

妹　だから私たちの感覚からすると、佐々木さんが構造を考えてくれたという具合に構造だけに分けるとちょっと違うような感じがあります。

西　キャンデラの言葉を佐々木さんが引いていて、「すぐれた構造というのは、それを見た多くの人が「あっ、そうか」と大きな声で叫ばざるを得ないようなものなんだ」とおっしゃっていました。たしかにキャンデラの建築や佐々木さ

んの建築はそういう力がある。またそれは、構造を超えて空調や換気。環境計画の世界でもたぶんあるような気がします。人を感動させる秩序を組み立てるというような世界が、環境計画にもたぶんある。ル・コルビュジエが「ジャウル邸」で換気窓をつくるのですが、それは細い縦長のスリット窓で、きれいなのですが、吉阪隆正が言うにはその窓は、従兄弟のピエール・ジャンヌレの発明の真似なんだそうです。でも、ジャンヌレが発明した方は理屈だけで、ぜんぜん快適じゃなくて、コルビュジエの窓はすごく快適というか、いかにも風が流れていきそうな形をしている、と。窓ひとつ、換気ひとつで、人間の想像力を喚起して、その建物全体のオーガニズムの良し悪しを考えさせる、ということがあると思います。

■

難　SANAA は曲面ガラスの作品が多いですが、基本的なモチーフってあるんですか？

西　佐々木さんの話とつながるかわからないですが、ひとつは、自由曲線のイメージがあります。曲線と言っても、放物線とか円弧とかの数学的な曲線ではなく、自由曲線です。数式にすると死ぬほど長くなるような、そういうものに関心があります。自然のイメージがあると思います。人間の挙動って、円弧じゃないと思うんですね。深く考えずになんとなく線を引くと自由曲線になる。自由曲線はもっとも原始的で、人間的な線なんじゃないでしょうか。
同じように、非対称というのも、ひとつのイメージにあります。古代中国建築は基本的にシンメトリー、対称形なわけですね。合理的に建築を組み上げて、土地形状をそれに合わせる、という。でも僕が思うには、日本のような地形が豊かなところで、自然や地形にしたがって建築しようとしたら、アシンメトリー、非対称に普通はなると思う。そういう意味では、非対称と自由曲線のイメージは、かなり連続していると思います。

妹　最初の頃は構造でないところはガラスっていう感じでつくっていました。それは構造をクリアに見せたかったから。

西　妹島さんのガラスが好きっていうのは、ガラスというより、昔のサッシのことですね。既製品のアルミサッシに単板ガラスが入る場合、妹島さんは好きなんです。でも、

最近のようにトリプルガラスになってくると鬱陶しくなって、サッシュも重くゴツくなって、そうなってくると、それほど好きじゃなくなってくる。ガラス単体で比較するのであれば、平板よりもカーブしていた方が薄く透明で、しかも構造的にも使えるようになるので、そっちがいい、という場合もあるかもしれない。

難　西沢さんはY-GSAの校長としても教育現場で尽力されていますが、その辺りはいかがですか？

西　若い頃は学校で教えることを軽く考えていたのですが、いまは重視していますね。われわれが設計事務所をやっているのとは違う建築が大学にはあるのです。設計事務所をやっていると、お施主さんとか予算とか規模とか重要なわけです。やっぱり予算規模とか、敷地形状とか、お施主さんの思想とかって、建築を考えるうえで必須なのです。でも、大学で建築やるときはそういうのは全部ないんですよね。お施主さんもいないし、予算も規模も決まってない。敷地もない。われわれが建築を考えるにあたって必須の条件が何もない。それでも建築の面白さがある。だから設計事務所でめざしているものとは異質の、理念の世界の建築というのが大学にはあって、そういうものに影響を受けていると思います。ルイス・カーンはそういう人でした。生涯大学で教える傍ら設計事務所も自分でやっていた。カーンを見ていると、この両輪は重要だったんだなと感じます。

難　なるほど。

西　ビジネス的って、悪いことのような形容詞で使われることが多いですが、でも、ビジネスがわれわれの建築を面白くしている部分があると思うのです。設計事務所で仕事を取って、締め切りがあって、予算で戦って、他者とやりあって、議会でもめて、社会にもまれて、という、人間のものすごい戦いの中で建築は面白くなっていくと思うんです。ところが大学に行くとビジネスがまったくない。でもなお建築の面白さがあるんですよね。大学は本当に特別なところだと思います。

難　佐々木さんは明らかに名古屋大学で教えはじめてから変わりましたよ。

妹　そうですか。ちょうど「マルチメディア工房」をやって

いる頃ですね。初めは、実施設計はいつも一緒にやっている他の方と共同でやるというようなことをおっしゃられましたが、少し経つと、新しいスタッフをとられ、すべて佐々木さんのところでやるということになりました。

難　僕と付き合うようになって構造を歴史的に見はじめたように感じます。

西　なるほど。

難　大学で教えるようになってから、明確に自覚しはじめた。

西　それはある。さすが鋭い。ビジネスだけだったら、歴史という視点で見ないかもしれないですね。

難　歴史的に見る構造家の先駆けじゃないかな。木村俊彦先生もすごいと思うけど、木村先生と佐々木さんの決定的な違いは、そこじゃないかな。

西　一方で、川口衞先生は、すごい歴史観をお持ちですよね。

難　昔から佐々木さんと一緒に飲むと何度も言っていたのは、木村事務所に入って一番いやだったのは木村先生はなんでもできること。それが構造家のキャパシティだとなるのがいやだって。

西　なるほど。

妹　「これしかできない」と、木村先生の逆をやるんですね。だから「マルチメディア工房」のときも「これじゃなきゃやらない」って言ったんだ！それは面白い。たぶん歴史にもつながるし、この規模だったらこのスケールで、こういうつくり方で……と、機能とスペースが瞬時に決まってくる。それしかないんだよ、と。

難　それと佐々木さんがよく話をするのは、「豊島美術館」をすごく気に入っていて。あの構造体だけの何もない空間が佐々木さんは大好きなんだよね。

永　大好きですね。

西　そうなんだ。

妹　でも昔、佐々木さんは「天井高が低すぎる」とおっしゃってましたよね。「もう少し高ければコンクリートをもっと薄くできるのに」って。

西　たしかに。

妹　だけど西沢くんが「低くしたい」ということで、佐々木さんの解が生まれて「豊島美術館」のゆるやかな空間ができあがった。その辺りが佐々木さんのエレガントさのような気がします。天井上げたらもっとピシッとしちゃったかもしれませんね。

編　大学で教えることや実務を含め、佐々木さんの活動を少し俯瞰して見たとき、どういう建築の可能性を拓いたと思いますか？

西　いろいろあると思いますが、僕がまず思うのは、佐々木さんの建築の可能性というと、ひとつには日本の建築空間を象徴的に打ち出したような気がします。
組積造の文明とか、壁の文明とか、そういうのでない、別種の文明が出してきた構造という気がする。それは簡単に言えば透明性だし、やわらかさです。ヨーロッパの建築ってもっと物質的で重量感があるし、上下階層性がある。佐々木さんはあまり木造には関心が低いということですが、それでも木造由来とするような、浮遊感ややわらかさ、形のなさというものがすごくあるような気がします。シェルのような空間構造にしても骨格構造にしても、どっちもです。佐々木さんの美意識、哲学というのは、どこかアジア的というか、日本的な文明史観にかかわるものを出したというのが、あるような気がします。

編　本日は興味深いお話をうかがうことができました。ありがとうございました。

収録日：2024年9月20日
場所：SANAA事務所

22 | 国立台湾大学 社会科学部棟 NATIONAL TAIWAN UNIVERSITY, COLLAGE OF SOCIAL SCIENCES | 伊東豊雄 TOYO ITO | 2006-201

　台湾大学社会科学部棟の建築は2つの棟に分かれている。北側道路に面して約170mの長さで配置された八層の教室・研究室棟と、中庭に張り出して建てられた図書館棟である。
　教室・研究室棟は随所に大きな吹抜けを配することで分節し、ヒューマンなスケールを与えた。またテラスは庇効果によって直遮光を遮るとともに、吹抜けと廊下を組み合わせることによって、水平、垂直両方向の通風にも十分な考慮を行った。さらに3階の中央部に置かれた大会議場周辺は大きな吹抜け内に樹木を植え、自然に開かれた建築のコンセプトを象徴している。
　教室・研究室棟と周辺校舎とで構成される中庭部分には、既存樹木が育っていたので、図書館の内部も樹木を連想させる構造体によって、「森の中で読書する」というイメージの空間を実現しようと試みた。約50m四方、高さ6mの空間は大きなハスの葉のような屋根スラブと茎のような柱を連ねて成立している。

台北市

図書館棟の内部空間が外部のランドスケープへ広がっていく

教室棟3階屋上ガーデン 右に図書館棟の屋根、奥に国際会議室が見える。

教室棟から3階屋上ガーデン越しに図書館棟の屋根を見る

図書館棟内部　ダブル・スパイラルの幾何学に沿い、柱間に配された耐震壁と藤江和子さんによってデザインされた書架が配置されている。

上部構造の計画

　図書館棟における樹木を思わせるような屋根と柱は、開口の空いたRCフラットスラブ（300mm）と鉄骨鋼管柱（φ165）により構成している。鉄骨柱の周りには50mmのコンクリートを巻いて耐火被覆としている。そのコンクリートは、柱頭部において屋根スラブに近づくにつれて厚みを増していき、漏斗状のキャピタル形状を構成してなめらかにフラットスラブに接続する。これによりハスの葉のような屋根と茎のような柱とを一体化し、樹木のようにシームレスで連続した要素として見せている。

　RCスラブのスパンは2.3〜12mと場所によってかなり変化しているが、平面的に外周部にある比較的スパンが大きい箇所においては、一般部よりもキャピタル形状を広げている。これにより実質的なスラブスパンを短くし、変形を抑制している。

地下構造の計画

　敷地には地下四層にわたって駐車場が存在しているが、駐車効率を上げるため、地下部はグリッド上に柱を配置している。図書館直下の1階スラブをスパンに対しては比較的厚みのある800mmのボイドスラブとする。地上の図書館内部にランダムで配置された鋼管柱を陸立ちとしてスラブで受けることで、屋根荷重をトランスファーして地下階に伝達する計画としている。これにより、ランダムな柱配置の図書館と駐車効率のいい地下構造を共存させている。

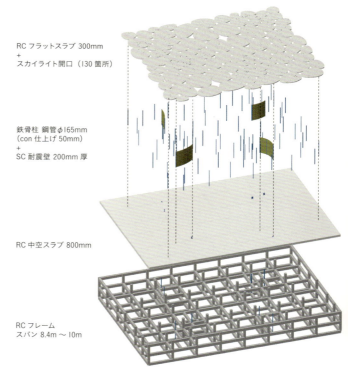

RC フラットスラブ 300mm
＋
スカイライト開口（130箇所）

鉄骨柱 鋼管φ165mm
（con 仕上げ 50mm）
＋
SC 耐震壁 200mm 厚

RC 中空スラブ 800mm

RC フレーム
スパン 8.4m〜10m

構造ダイアグラム（図書館棟）

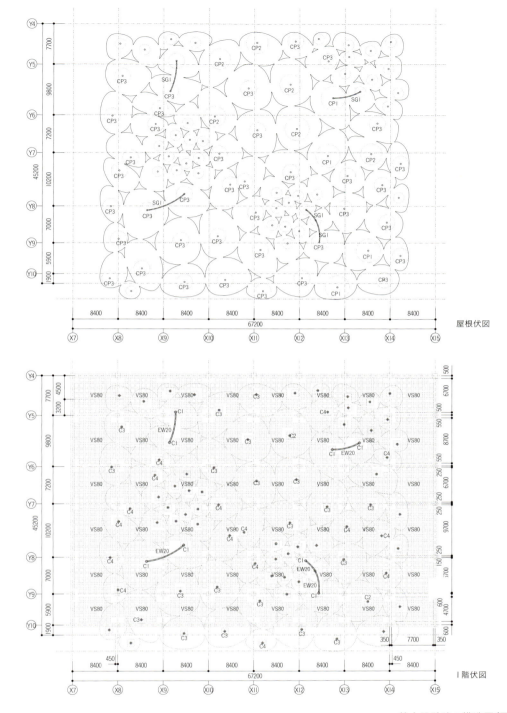

基本設計時の構造図（図書館棟）

耐震計画

　図書館棟の平面計画に基づいてバランスよく配置した4枚のRC耐震壁に鉄板を内蔵したSRC耐震壁（t=200）とすることで、ほぼすべての地震力を処理する計画とする。この耐震壁の上部には、トップライトから入る光が壁の反対側の床に降り注ぐよう、また壁の両サイドの空間につながりをもたせるように開口を設けた。

　一方、教室・研究室棟に関しては一部の吹抜け空間を除き、きわめて規則的に配置された柱と梁によるRCの純ラーメン構造とした。外観上は非常にシンプルで均質なラーメンフレームを構成しつつも、梁幅や鉄筋量によって負担する応力の大きさに対応することで、経済性に配慮する計画としている。

SRC耐震壁に内蔵された鋼板耐震壁

柱頭部FRP型枠の吊込み状況

上：キャピタル下端配筋（放射＋円周方向）
下：FRP型枠の配置状況

漏斗状の柱の施工

　型枠については、図書館棟の平面積が大きくて複数工区に分かれたことを利用し、精度よくなめらかな曲面形状を形成でき、繰り返して用いることが可能となるFRP型枠を採用した。キャピタル形状はスパンの違いによって、4種類の形状を使い分けている。

　鋼管柱においては、外形はφ165で統一し、軸力の大きさの違いに対して板厚を変えて対応しているため、すべて同一の型枠を使用することが可能で、施工性や経済性にも十分に配慮した断面計画としている。

　屋根スラブの開口については、柱間を結ぶライン上を避けて配置されており、効率のよい連続スラブとしている。比較的大きな曲げモーメントを生じる柱頭部の負曲げモーメントについては、厚みを増したキャピタルのコンクリート形状によって無理なく処理することができるとともに、パンチングシア対策にもなりスムーズに柱に力を伝達することを可能としている。

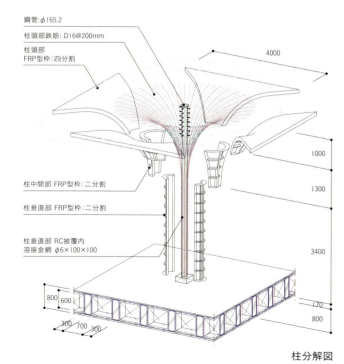

柱分解図

施工時の教室・研究室棟と図書館棟

型枠脱型時の図書館棟内部空間を見る

23 | 軽井沢千住博美術館 HIROSHI SENJU MUSEUM KARUIZAWA | 西沢立衛 RYUE NISHIZAWA | 2007-2011年 長野県軽井沢町

長野県軽井沢町の緑豊かなこの土地に、日本画家の千住博氏の作品を収蔵・展示する美術館として計画された。約70m×40mの不整形な平面形状をもつ高さ約6.5mの平屋建てで、地形に沿ったゆるやかな傾斜のある床に、最大スパン12mの曲面形状をもつ屋根が架けられている。この大きな屋根をランダムに配置されたスレンダーな柱により支持させ、絵画を展示可能な鋼板耐震壁を全体にバランスよく配することにより、広く開放的な展示空間をつくり出した。

内観　建物全体にバランスよく配された鋼板耐震壁は、絵画を展示する壁としても利用される。

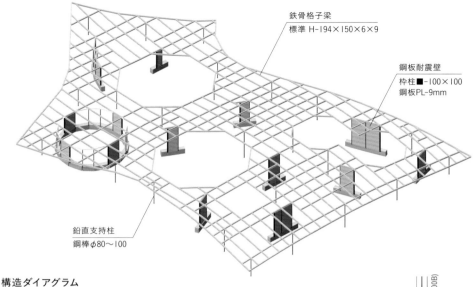

構造ダイアグラム

上部構造の計画

　主体構造は、屋根を構成する鉄骨格子梁、それを支える鉄骨柱、水平力に抵抗する鋼板耐震壁の3要素で構成され、応力伝達が明快な構造計画とした。

　屋根は2.0m×2.0mグリッドを基準とした鉄骨格子梁（H形鋼 H-194×150）とし、直線材をつなぎ合わせて曲面屋根を構成することで経済合理性に配慮した計画とした。柱は鉛直荷重のみを支持するポスト柱（鋼棒φ80～100）および、鋼板耐震壁の付帯枠柱（角鋼100×100mm）とし、最大スパン12m以下として平面的にバランスよく配置した。主要耐震要素である鋼板耐震壁は鋼板（厚さ9mm）と付帯枠柱により構成され、偏心のないよう平面的にバランスよく配置し、十分な剛性と耐震性能を確保している。

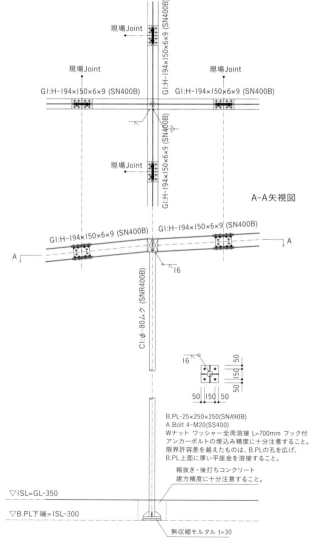

鉄骨柱接合部詳細図

屋根鉄骨格子梁の建方の様子　梁は曲げ加工をせず、直線材をつなぎ合わせて曲面の屋根を構成した。

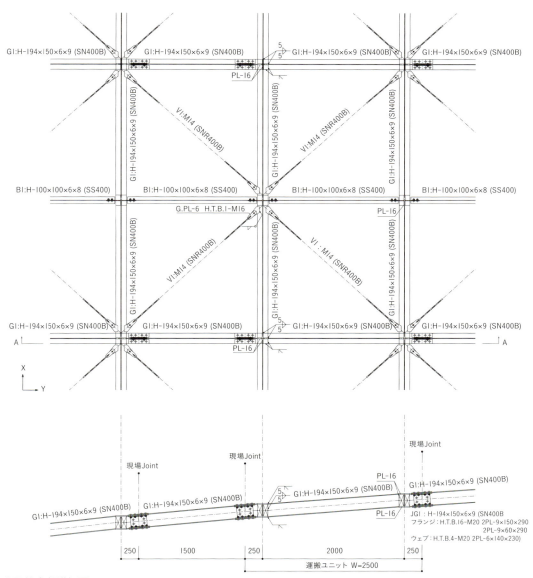

鉄骨大梁接合部詳細図

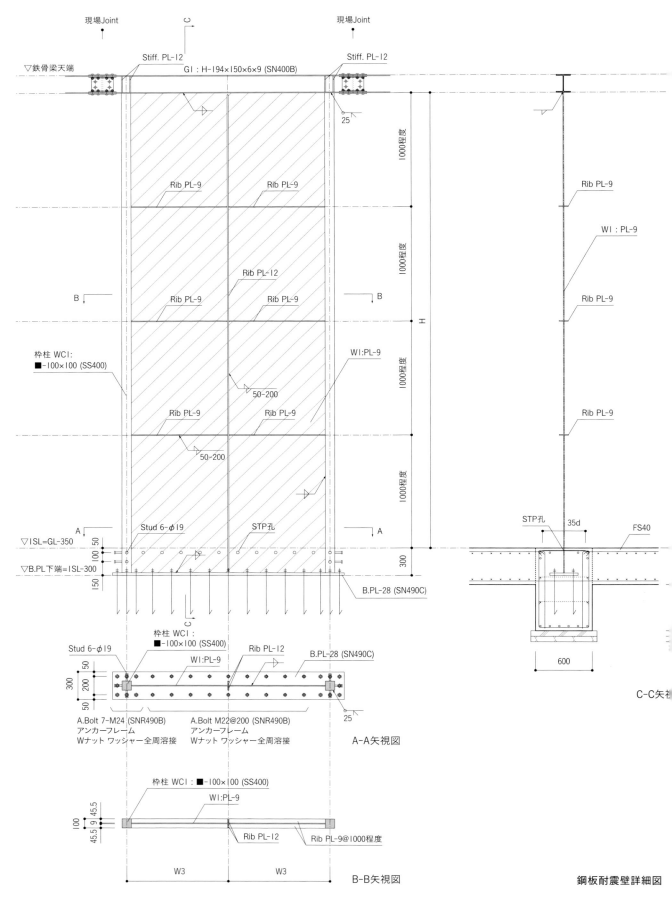

鋼板耐震壁の建方時①　鋼板耐震壁が建築計画に合わせてさまざまな方向を向いている。

鋼板耐震壁の建方時②　作品の展示パネルとしても利用される。

基礎梁配筋・コンクリート打設時　基礎梁にセットされたアンカーフレームが、鋼板耐震壁および鉄骨柱を待ち受ける。

基礎構造の計画

　基礎は、軟弱地盤への対応のため、プレストレスト高強度コンクリート節杭(杭径ϕ300〜500)による杭基礎を採用した。ゆるやかな高低差のある1階床は、十分な面内剛性をもつ土間スラブとして計画を行い、建物全体の基礎構造が一体として挙動するようにしている。鋼板耐震壁下には基礎梁を配置し、水平力による杭頭曲げモーメントは基礎梁および土間スラブで処理する計画とした。

24 | すみだ北斎美術館 SUMIDA HOKUSAI MUSEUM | 妹島和世 KAZUYO SEJIMA | 2009-2016年　東京都墨田区

江戸時代の浮世絵師・葛飾北斎とその門下による作品の展示や保存を目的として計画された美術館である。敷地東側の展示室棟、南西側の管理棟および北西側のホワイエ棟の3つの大きなヴォリュームが寄り添うかたちで構成されており、文化財を保護する外壁が街並みに合わせて多様に屈折しつつ、その隙間を介して人々を迎え入れながら内部の活動を表出させることで、地域と一体となった美術館をめざした。内部空間は、展示室空間として約16mスパンの無柱空間が必要とされているほか、壁のない開放的な空間となっている。

上：3階ホワイエ、奥に企画展示室　奥のらせん階段は厚みの異なる鉄板を使用。建物上部から入るスリットはエキスパンドメタルによって調光されている。
下：1階図書室より見る

243

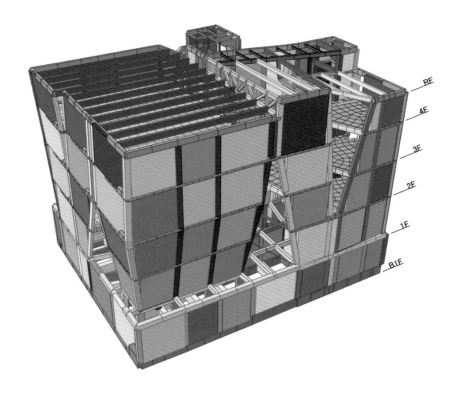

構造アクソメ
建物の機能上、外周をRC壁とする必要があったことから、それを耐力壁とし、強度抵抗型の耐震構造としての必要十分な安全性と彫刻的な造形性との両立を高いレベルで実現した。

構造計画

　傾斜面の多い外壁は、鉄筋コンクリート造耐力壁付ラーメン構造とし、平面的かつ立面的バランスに留意した強度抵抗型の耐震構造としている。付帯ラーメンの柱は標準ピッチ6mとして配置し、その最小径を耐力壁の壁厚と同じ310mmに統一し突出する柱型をなくすことで、施工性に配慮しながら十分な耐力と靭性を確保している。

　各階の床は鉄筋コンクリートスラブとしており、鉛直荷重の支持のみならず、傾斜外壁とつりあいながら建物を安定化させる働きをしている。スパン7m程度の一般部スラブは厚さ300mmの両方向ボイドスラブ、展示室上部など16mスパンの無柱空間部のスラブについては厚さ600mmの一方向ボイドスラブ（またはアンボンドボイドスラブ）とし、躯体重量を軽減させながら十分な剛性を確保している。

　建物内部において梁スパンが大きくなるような箇所については、鉄骨のポスト柱や吊り材、トラスなどを効果的に配置することで、開放的な内部空間を実現している。これら構造的手法により、施工性を考慮しつつ合理的なかたちで、建築コンセプトを実現する計画とした。

施工時の外周耐力壁の配筋　壁の形状に合わせて耐力壁枠柱も傾斜する。

鉄骨ポスト柱（2F）

一方向ボイドスラブ（ワインディングパイプとその間に配置されたアンボンドPCケーブル）

鉄骨ポスト柱（1F）

アンボンドPCケーブルの固定端

2階床伏図

4階床伏図

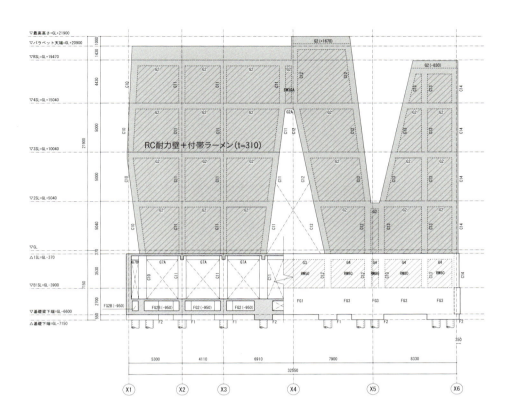

Y1通り軸組図

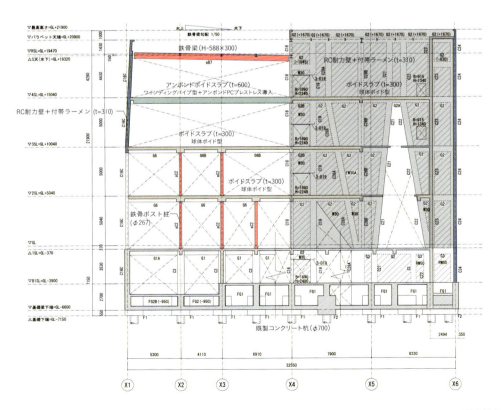

Y2A通り軸組図

25 | グレイス・ファームズ　GRACE FARMS | 妹島和世＋西沢立衛 /SANAA KAZUYO SEJIMA+RYUE NISHIZAWA/SANAA | 2010-2015

アメリカ・コネチカット州、かつて農場だった場所に計画された、高低差のある開放的なランドスケープの中に配された「リバー（川）」と呼ばれる建築。地域の様々なコミュニティ施設が全長400m超の一棟に納まる。この1枚の屋根の下には、教会や体育館といった機能を備える箇所もあれば、軒下空間としての通路のような場所もあり、それらに呼応して建物の幅が変化して動きのある建築が立ち現れている。

外観　高低差のある開放的なランドスケープの中に配された「リバー（川）」のイメージをもつ建築。

SANAAによる模型　放射方向に梁を架けることがスタディされた。

構造システム

　構造システムとしては、流れに沿った桁方向に鉄骨梁を流し、その桁梁間に木のジョイスト梁を架け渡している。鉄と木という材料の選択は、木というやわらかい材料特性を生かした曲面屋根形状の施工性への配慮や、建設地域が有する木造技術の活用、またこの前後から試行していたSANAAとしての透明な鉄架構と繊細な木梁の組み合わせ、といった点から決定していった。

リング梁の建方後　外周のリング梁はまるで浮いているかのように細い柱で支持される。

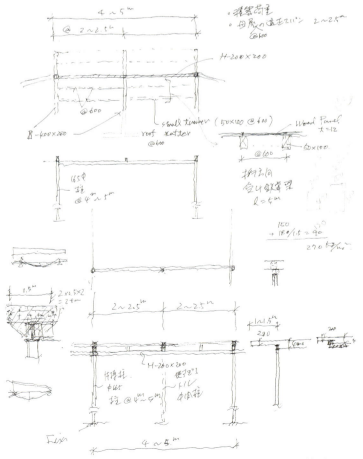

佐々木による検討スケッチ

木造案のスタディ

　木梁にかける木母屋の許容スパンから、あまり木梁のピッチを大きくすることができない。そこから、木梁のスパンが2.0〜2.5mとなり、「それくらい小さいのであれば、純粋な木梁案もあるのではないか?」という方向に話が展開した。

　そのようにして木梁のピッチは決めたが、「柱をそんなピッチで立てるのはどうだろう?」ということで、柱についてはその倍の4.0〜5.0mピッチとし、柱のない箇所の木梁についてはH形鋼の梁で受ける計画とした(スケッチ下部に「中間柱トル」というメモがある)。

　柱ラインから外側の跳ね出し部については、主スパン部ほど梁せいが必要ないということから、梁端部で断面を絞る案を想定した。

上：天井施工時外観　下：外装材施工時外観

ダイニング内観　集成材によるジョイスト梁下端を見る。

木のジョイスト梁

　木のジョイスト梁は場所によって大きくスパンが異なるが、A)集成材のみ、B)集成材＋鋼板補強、C)集成材を圧縮側に用いた張弦梁、これら3種類をスパンやピッチに応じて用いることで木梁の部材せいを整理し、全体として統一感を感じられるように計画している。またアメリカ東海岸での計画ということで、日本や西海岸に比べて設計外力としての水平力は非常に小さなものとなる。そのため鉄骨柱を地面からの片持ち形式として、屋根下のヴォリュームなども基本的には屋根と縁を切り、ブレースや壁によらない計画としている。これにより桁方向の梁も柱とのフレームを構成することなく非常にミニマムな柱梁の納まりが可能となっている。

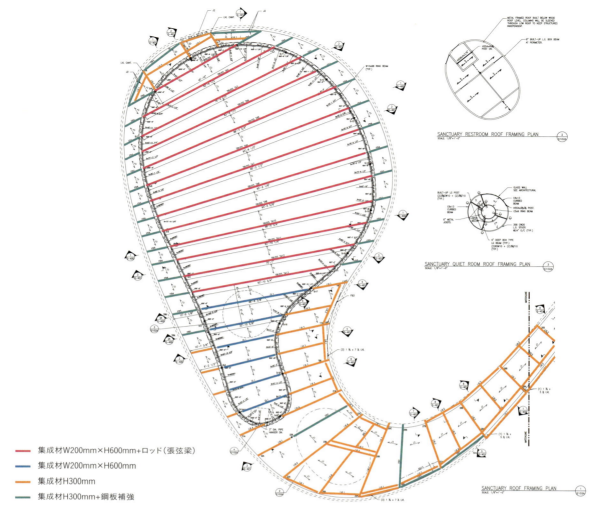

― 集成材W200mm×H600mm+ロッド（張弦梁）
― 集成材W200mm×H600mm
― 集成材H300mm
― 集成材H300mm+鋼板補強

木のジョイスト梁の分類
スパンやピッチに応じて、断面を使い分ける。木に鉄を併用することで
梁せいを揃え、統一感を感じられるよう計画。

リング梁内外の木梁建方後　右奥には集成材とロッドによる張弦梁、左には集成材、手前には跳ね出し部の比較的小さな部材を見る。

施工時の張弦梁の様子（多目的ホール）　最大スパン約30mの多目的ホールや体育館といった大きな空間の屋根は、集成材とロッドによる張弦梁により構成される。

30mの集成材

　多目的ホールや体育館で用いる集成材は、日本では考えられないが、30mの一本物が使われている。アメリカ北西部でつくられた集成材を北東部にある敷地へ搬送するために、トレーラーが曲がることのできないロッキー山脈の山道を迂回して、平坦なアメリカ南部を大回りして搬送してきたという。こうしたスケール感や小さな設計用水平力によって可能となったシステム、ディテールなど、地域性も含めた日本との条件の違いが建築として表現されている。

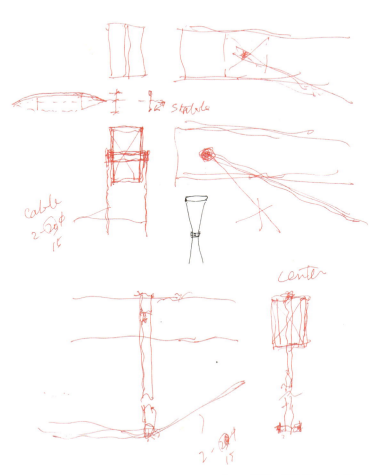

ホール屋根の張弦梁のスタディ

体育館内観　約22mの張弦梁が空間を覆う。

26 | 川口市めぐりの森 赤山歴史自然公園 歴史自然資料館・地域物産 'MEGURI NO MORI' KAWAGUCHI CITY FUNERAL HALL, AKAYAMA HISTORIC

INFORMATION CENTER, REGIONAL PRODUCTS CENTER | 伊東豊雄 TOYO ITO | 2011-2018年 埼玉県川口市

9ヘクタールの公園の中に計画された、地下1階/地上2階の火葬施設である。建物中央部に炉室や告別室などの閉じた機能が、その周辺に開放的なホワイエが配置され、北側に待合室が設けられている。中央部の炉室を取り囲むように自由曲面屋根（約5500㎡）が架け渡されており、その起伏は北側では低く、中央部では大きく変化している。また、周辺環境を考慮して、屋根は緑化された。

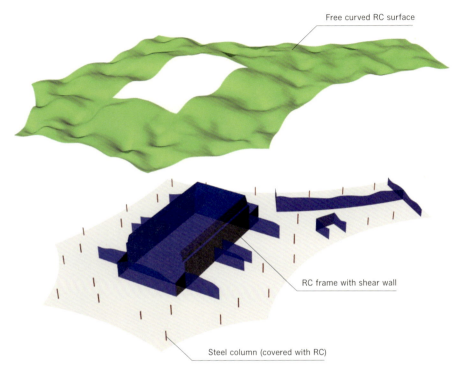

構造ダイアグラム

構造システム

　上部構造は3つの要素(RC自由曲面屋根スラブ、RC耐震壁付フレームおよび鉄骨ポスト柱)で構成している。RC自由曲面屋根スラブ(厚さ200mm)は形態デザイン手法を用いて導出されている。主に中央部と待合室周辺に耐震壁(厚さ200～400mm)を配置し、地震力に対し強度抵抗型の構造形式とするだけでなく、鉛直荷重時に生じる自由曲面屋根のスラストを無理なく処理できるようにしている。また、鉄骨ポスト柱(ϕ216.3およびϕ267.4、コンクリートで被覆)を配置し、適切なスパンで曲面屋根の鉛直荷重を支持している。地下階は耐震壁付フラットスラブ構造とし、集約された設備配管を柔軟に計画できるようにしている。基礎構造は、GL-54.0m以深を支持層とする杭基礎とし、一部の杭には安定した地下水源を生かした採熱杭の機能を付加している。

火葬施設内観

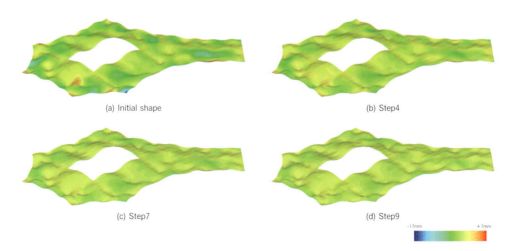

(a) Initial shape (b) Step4
(c) Step7 (d) Step9

-17mm +7mm

自由曲面屋根の形態デザイン

　複数回のフィードバックを行い、建築的なイメージの近傍で力学的な根拠をもつ曲面屋根の形態を導出した。この手法ではNURBS制御点座標を設計変数、歪みエネルギーを目的関数とした形状最適化が行われている。力学的に理にかなった曲面屋根とすることにより、同一スパンのフラットスラブ構造と比べ、躯体重量の大幅な低減が可能となっている。

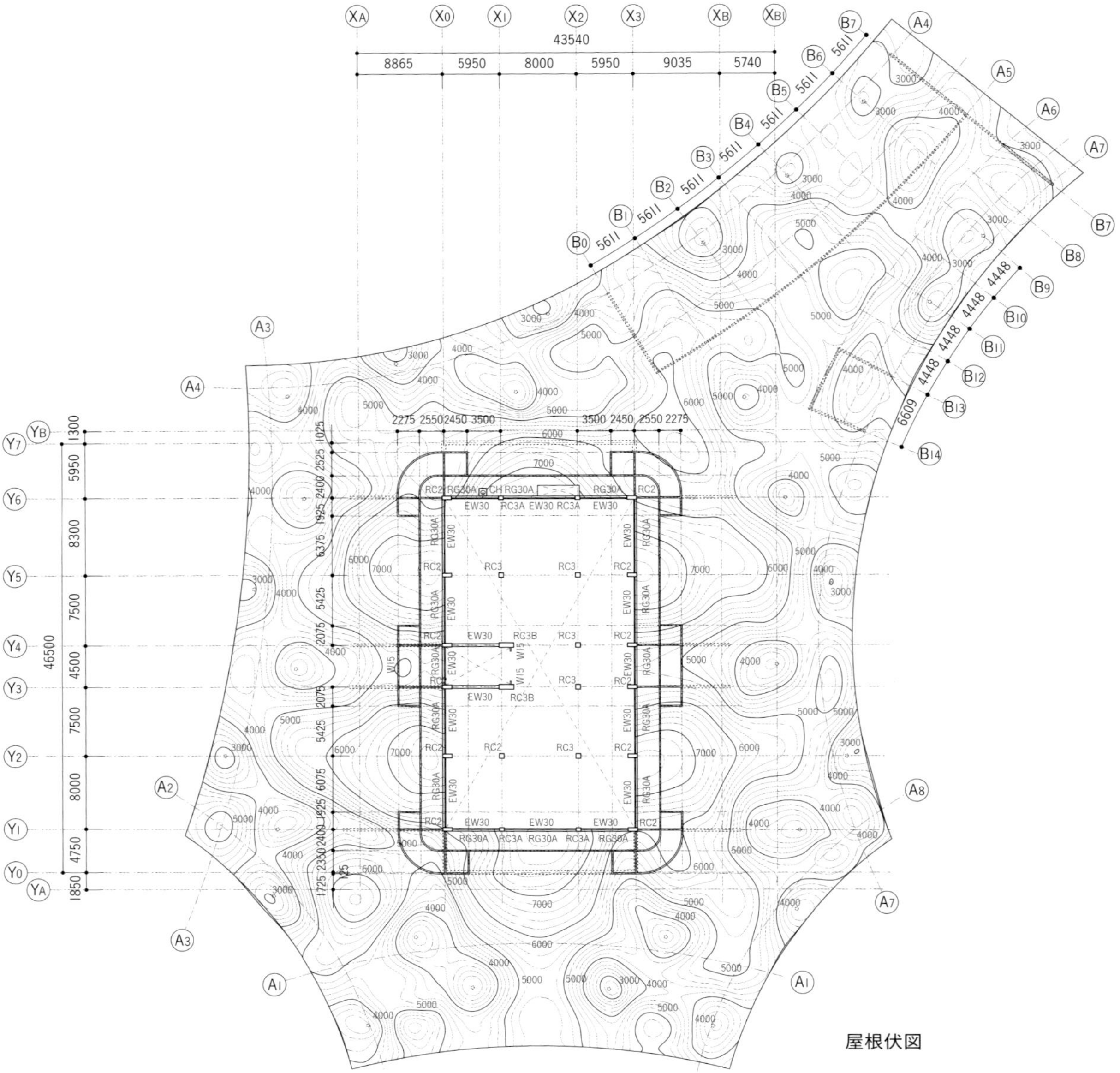

'MEGURI NO MORI' KAWAGUCHI CITY FUNERAL HALL, AKAYAMA HISTORIC NATURE PARK INFORMATION CENTER, REGIONAL PRODUCTS CENTER

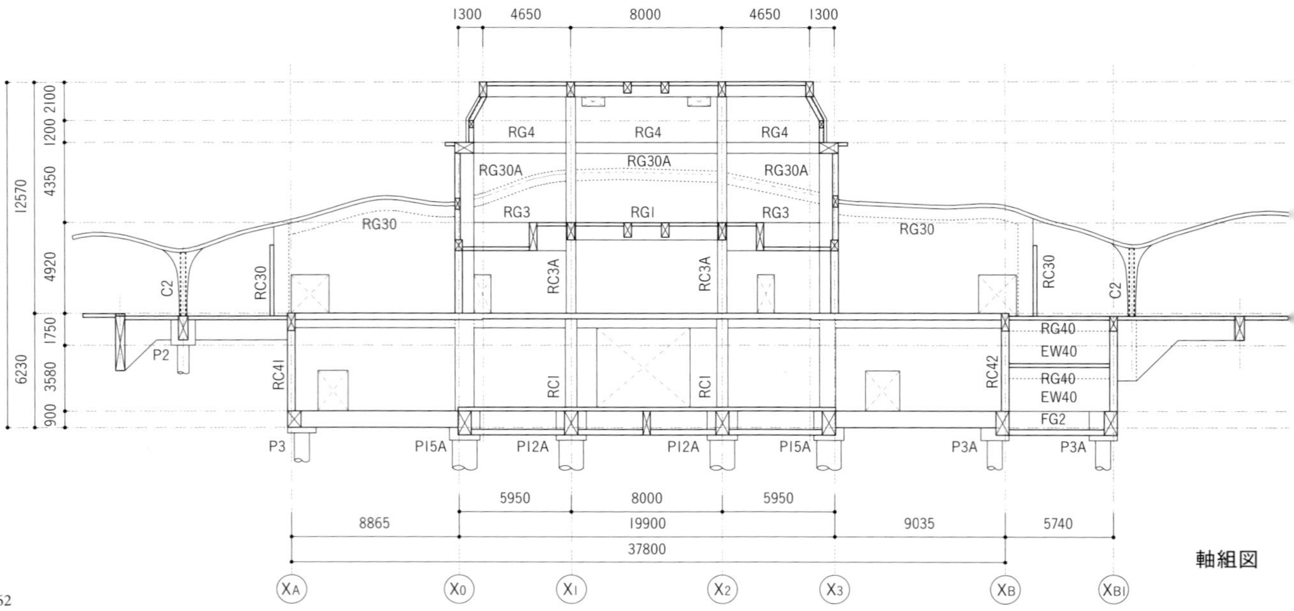

屋根伏図

軸組図

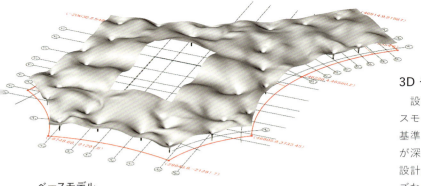

ベースモデル

3Dモデル×施工時情報共有

　設計サイドで作成したNURBS曲面モデル「ベースモデル」が、屋根にかかわる工種の設計・管理の基準に用いられた。型枠の製造・現場施工に造詣が深く、3Dモデルのハンドリングに長けた型枠設計会社が間に入り、設計者・施工者間のスムーズなデータの授受が実現した。

合板を曲線カットした大引、平使いした根太、小幅のせき板により、曲面屋根の型枠をつくる

配筋とコンクリート打設

型枠施工の完了

型枠・支保工解体後の内観

型枠工法

　屋根型枠は在来工法を踏襲している。大引は構造用合板(t=24mm)をCNCルーターで曲線加工した材を2丁使いで用いている。根太は12×75mmを平使いし、305mm間隔で大引と直交方向に配置している。せき板は小幅版(t=12mm)を用い、弾性曲げを効果的に使いながら隙間なく敷き並べ、なめらかな曲面を形成している。軒先・柱、壁・屋根接合部はユニット型枠とし、工場製作した部材を現場で組み立てている。

コンクリート打設後の全景

俯瞰全景　中央に川口市めぐりの森、左奥に地域物産館、右奥に歴史自然資料館。赤山川の水辺を再生した調整池を中心に3つの建物が整備された。

地域物産館
ランダムに立つ漏斗状のRC柱は、鉄骨の無垢材（φ90およびφ120）を内蔵し、フラットな150mm厚のRC屋根スラブを支持する。また、大屋根の下には、入れ子状のRC耐力壁に囲まれた架構が平面的に分散して配置され、その上部に大屋根まで伸びるSRC柱と、その耐力壁により地震力に抵抗する計画とした。

歴史資料館
家型状の3つの架構とホワイエ空間を構成する屋根梁＋ポスト柱で構成されている。家型架構にバランスよく耐震要素を配置し、開放的なホワイエ空間を実現した。

27 | 新青森県総合運動公園陸上競技場　SHIN-AOMORI PREFECTURAL COMPREHENSIVE ATHLETIC STADIUM | 伊東豊雄 TOYO ITO

既存の青森市安田にある陸上競技場(1966年竣工)の老朽化ならびに2026年に青森にて開催が予定されている国民体育大会を見越して計画された本建物は、総座席数約2万席を有する地下1階／地上4階の競技場である。メインスタンド上部には、曲面加工されたGRCパネルにより仕上げられた最大26mの跳ね出しを有する鉄骨造の大屋根が架かり、力強くも優美さを兼ね備えたスタジアムが計画された。

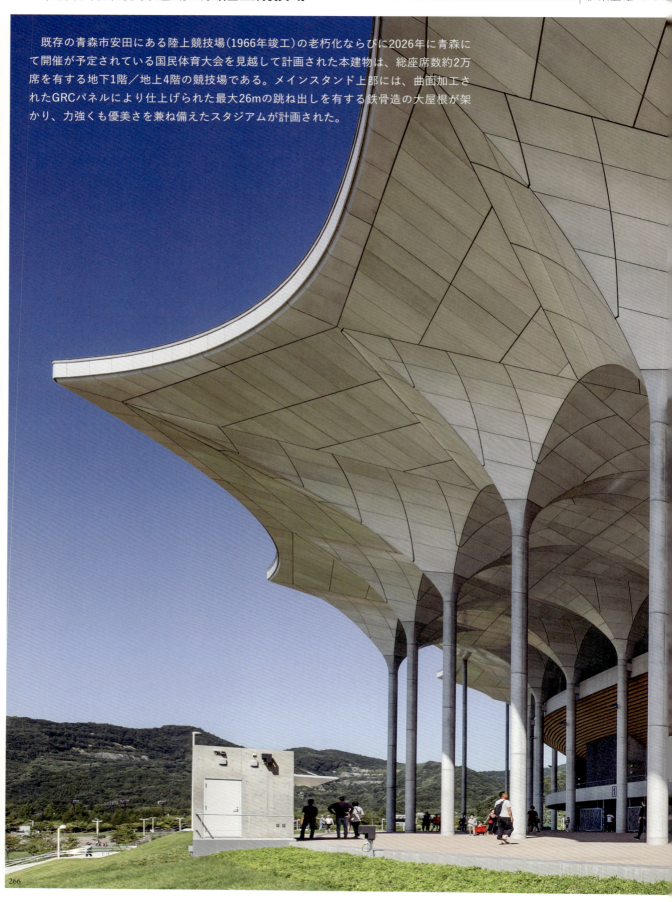

-2018年 青森県青森市

メインスタンドと大屋根を望む

新青森県総合運動公園陸上競技場の全景

構造計画

　本陸上競技場の地上部分にはメインスタンドや放送室を有するメイン棟と、サイドスタンド、バックスタンドを有するサブ棟が計画された。

　その中でもメイン棟は、上段スタンドや放送室等を支える鉄筋コンクリート造の主架構と最大26mの跳ね出しを有する鉄骨造の大屋根からなる建築物である。

　主架構であるRC造部分は均等に並んだコアに設けられた耐震壁を有効に利用した耐震壁付剛接架構であり、大屋根部分の積雪を含めた建物全体の地震力を支持する十分な剛性と強度を有する設計とした。

　青森県という豪雪地域であるため、スタンド下の建物内には、厳冬期の屋内練習機能が求められたことから、RC造としては大きなスパン（最大で16m程度）で構成されている箇所を中心に、プレストレスコンクリート梁を採用した。

　また、屋内練習機能や諸室、倉庫などが下部に入る下段スタンドの段床については防水性能を考慮してスパンを6m程度の在来スラブで構成し、下部に諸室を有さない上段スタンドは最大スパンで12m超となるPCa段床を採用している。なお、PCa段床で構成される上段スタンドには、一部屋根部分の地震力伝達を行うための鉄骨ブレースを設けた。

　基礎構造は敷地が水源保護地域にあることから、各柱下にセメントミルクを要しない鋼管杭を採用した。

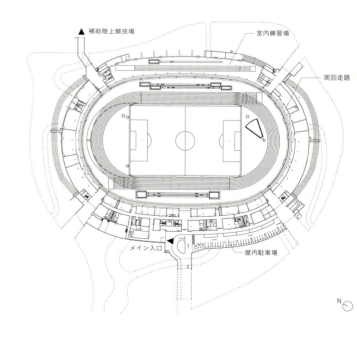

地階平面図

メイン棟軒裏の一次曲面加工されたGRCパネル

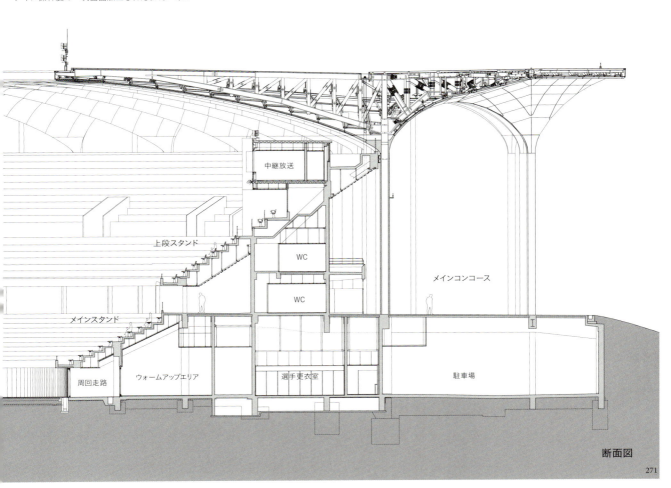

断面図

鉄骨トラス屋根架構

　鉄骨造の大屋根はやじろべえの原理に基づく控えを有する、跳ね出しスパン26m超の鉄骨トラスにより構成される。積雪時の屋根先端からの落雪による座席等の保護を目的として、メインスタンドにある座席先端までを完全に屋根が覆う必要があり、結果垂直積雪量で1.8mの条件下における26mスパンの屋根架構が求められた。

　26mの跳ね出し部分(前面トラス)は、主架構のスパンに合わせて約12mごとに設けられた平面トラスで構成される。平面トラス間にはジョイスト状の小梁と水平ブレースが設けられ、12mを超えるスパンとなる小梁は方杖材によってトラス下弦材からも支持されることで経済的な断面設計を実現し、同時にこれらの方杖材が圧縮材となるトラス下弦材の座屈補剛の役割も担う。前面トラスのカウンターウェイトとして機能する後面トラスは、前面トラスに対して半グリッドずらした平面配置となり、それらをつなぐように中間トラスが配置される。これによりコンコース空間の柱配置にリズムを生み、跳ね出しスパンに対して控えスパンが小さく、大きなせん断力負担を行う中間トラスを前面トラス1本につき、2本設けることが可能となった。

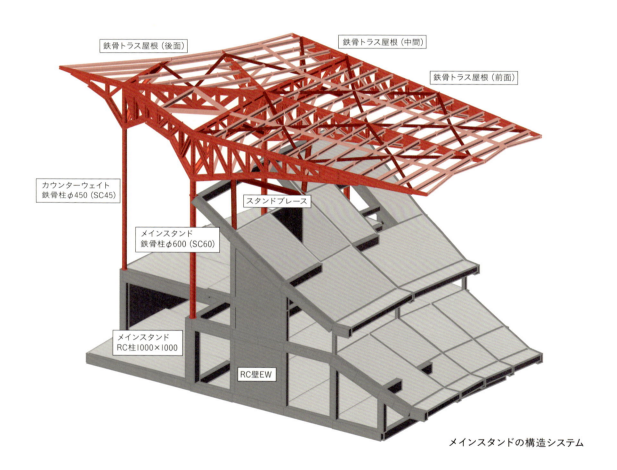

メインスタンドの構造システム

　前面・中間・後面トラスとも、トラスせいは柱接続部分で最大5m程度であり、上下弦材は極厚H形鋼のH-400×400シリーズを用いて構成した。また、前面トラスは三角形状であるため、応力負担の大きくない束材や斜材はJISの規格H形鋼(H-250×250)を用いた。

　また、大屋根の軒天全面の仕上げには、意匠上の理由はもとより、耐火・潮風からの被覆材としてGRCパネルが採用された。これにより大空間構造の「とにかく軽く」という原則とは異なる100kg/㎡の荷重増、曲面型枠によるGRCパネル自体の製作、鉄骨との接合部の設計、高所での揚重・取付工事など、設計・施工に際して多岐にわたる検討が実施された。

後面トラス建方

前面トラス建方

中間トラスとSC60(右)、SC45(左)の接合　白いテントの中で溶接作業が行われる。

SC45(中央奥)と中間トラス

前面トラス建方　巨大な移動構台と約12mピッチに配置されたベント。

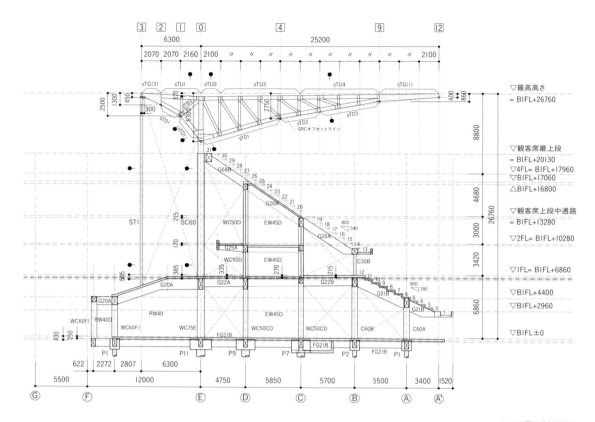

L17 通り軸組図

大屋根を支える鋼管柱SC60

　上段スタンド頂部付近に設けられた大屋根を支える柱SC60は、外径600の鋼管断面の外側に耐火被覆を兼ねたコンクリートが施工され、最終的な外径としては750mm＋ふかし10mmという部材寸法である。この柱の位置をスタンド頂部の梁芯からスタンド外側へ芯ズレをさせることで、コンコース空間から見上げた際に、柱から屋根への連続性がより強調されたデザインとなっている。

　この構造的には一見不合理にも見える芯ズレ、すなわち、柱とスタンド架構との接合方法は、柱頭部分での曲げに関する固定度をできる限り上昇させない方法として採用した。具体的には鋼管柱をスタンド頂部の梁から芯ズレさせた上、柱の通しダイアフラム形式として設けた平鋼PLのみでスタンド架構と接続することとした。つまり、柱の母材断面性能に対して相対的に小さな曲げ剛性を有する部材(平鋼PLの面外曲げ)によってのみ接続することで、当該部分を擬似的なピン接合としている。これにより柱はGL付近からの部材長さに応じた曲げ剛性を有する部材となり、大屋根地震力(せん断力)の伝達を行うPLのみによってスタンドと鋼管柱を接続させることで、意匠性に配慮した断面にて設計を可能とした。

大屋根を支える鋼管柱SC60のスタンドとの接合部

大屋根を支える鋼管柱SC60のトラス屋根接合部

鋼管柱SC60とスタンドSRC梁内蔵鉄骨との接合部

SC45モックアップを製作し、コンクリートの充填性や施工性の確認をした

コンコース側の柱SC45および引張材ST1

やじろべえ形式の大屋根トラス架構ではコンコース側に設けられた柱SC45および引張材ST1は、SC60と同様にコンクリートの耐火被覆が施された。

とくにST1では、長期荷重時に引張力が主たる応力となる。さらに、毎年の積雪により生じる変動軸力も考慮する必要があり、このような場合において、鋼材部分が負担する引張応力が被覆されたコンクリートへと伝達されないための方法が設計者・施工者により模索された。

最終的には、施工者より、適度な厚みと変形性能を有する緩衝材を鋼管柱とコンクリート被覆部の間に設けることで、コンクリートへの引張力の伝達を遮断する技術が開発された。また、地震時含めて圧縮力のみの負担となるSC60についても、コンクリートの収縮に伴うひび割れ対策として同工法が採用された。

後面トラス建方時

前面トラス建方時

前面トラス建方完了、屋根仕上開始

屋根仕上完了、軒天のGRCパネル取り付け

28 | 大阪芸術大学 アートサイエンス学科棟 OSAKA UNIVERSITY OF ARTS, DEPARTMENT OF ART SCIENCE | 妹島和世 KAZUYO S

　大阪芸術大学に新設されたアートサイエンス学科のための新校舎である。丘と一体化するような有機的な形態の地上構造部と、スタジオやギャラリーを9m巾の矩形で平面計画したRC造の地下構造部からなる。

　地上構造部は、構造をピュアに表現する意匠設計者の意図を考慮し、ゆるやかにカーブする3枚の三次元曲面スラブ、それを支持するポスト柱、水平力に抵抗する耐震要素という3つの要素により、きわめて単純に構成している。構造計画に合わせて建築の平面計画を調整することによって、柱や耐震要素の数をできる限り減らしながら適切な部材断面で構成し、ゆるやかにカーブするスラブの浮遊感を創出することを可能としている。

-2018年　大阪府南河内郡河南町

1階共有スペース　エントランスより見る。

1階共有スペース　2階スラブが1階へ接地する。

2階スラブ スロープおよび耐震要素となる接地部を裏から見る。

見下ろし 2階スラブ上より外周の鉄骨トラスおよびブレースを見る。

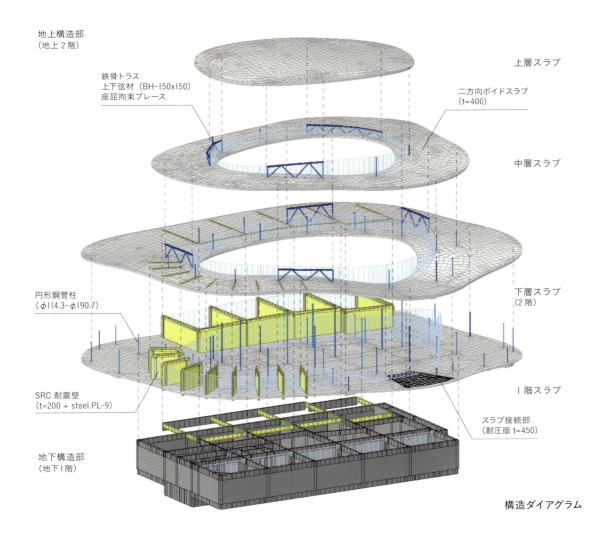
構造ダイアグラム

RCフラットスラブ

　浮遊する3枚の曲面スラブは、RCのフラットスラブ（t=400mmの二方向ボイドスラブ）とし、地下構造の平面計画から決定された9m×9mの基本グリッド上に配置した鉄骨柱によって支持されている。中層と下層のスラブはリング状になっており、下層のスラブにおいては曲面であることを利用し、半屋外のテラスや庇としてだけではなく、上下階をつなぐスロープとしての役割をもつ。また耐圧版に接続することで、水平力を直接伝達する耐震要素としても機能している。

2階スラブ上より見下ろし　共有スペースの吹抜け、奥に階段とスロープを見る。

鉄骨ポスト柱

　スラブを支持する鉄骨のポスト柱は、負担する軸力や座屈長さが個々で大きく異なるため、各条件に合わせた円形鋼管の断面(ϕ114.3～190.7)とした。鉄骨柱とスラブの接合部には、円盤もしくはブラケット状の鉄骨キャピタルを配置してスラブ内に内蔵することで、パンチング破壊を防止しRCスラブから鉄骨柱への応力伝達をなめらかにしている。また埋込み柱脚を採用することで、中央部に計画された明るく開放的な共有スペースにおいて、二層分の吹抜けで9m程度となる階高の座屈長さにも無難に対応している。

鉄骨ポスト柱とキャピタル部
施工時は精度を出すため、三方に放射状の仮設材を配置する。

鉄骨トラス梁を構成する柱とスラブ内に配置される下弦材

南東側より全景

鉄骨トラス（ブレース）

　RCスラブは平面的に任意な曲線でカットされており、局所的にスパンが大きくなっているスラブが存在する。そのような箇所には上下のスラブ内に鉄骨の上・下弦材（BH-150×150）を配置し、斜材となる座屈拘束ブレース（軸力管φ135.0〜190.7）でつないでいる。2枚の異なるレベルに配置されたスラブを立体的に利用し、繊細な部材のトラス梁を構成することで局所的に大きくなったスパンに対応している。またこのトラス梁は、地震力などの水平力を上層の屋根スラブから中層のスラブを介して下層スラブまで伝達するための耐震要素としての役割を担っており、各方向の水平力に対して平面的にバランスよく配置計画されている。

鉄骨トラス
上・下弦材には頭付きスタッドボルトを打ち、スラブコンクリートと一体化する。

斜材には座屈拘束ブレースを採用し、安定した履歴特性を確保した

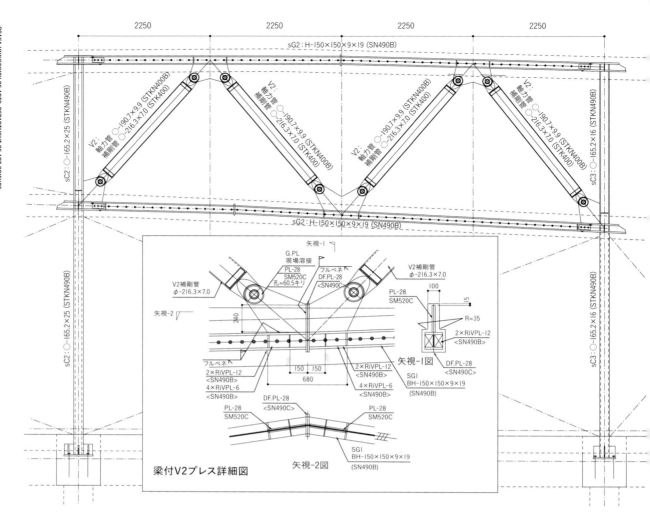

鉄骨トラス詳細図

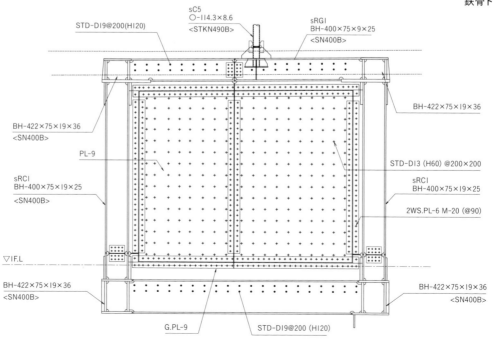

SRC耐震壁詳細図

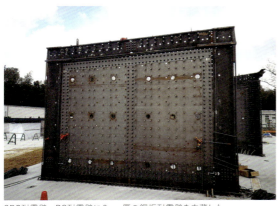
SRC耐震壁　RC耐震壁に9mm厚の鋼板耐震壁を内蔵した。

柱形・梁形の配筋とともに壁配筋が施された様子

鋼板内蔵SRC耐震壁

　1階の耐震計画については、放射状に配置計画された講義室や教員研究室の壁を耐震壁としたほか、耐圧版に接続された2階スラブによって水平力を直接伝達している。平面的にバランスのよい耐震計画を実現するために、各諸室やスラブ接続部の配置を調整するとともに、耐震壁と接続部の剛性に応じた按分で地震力を処理できるよう、耐震壁の厚みを抑えた上で耐力の調整が可能なSRC耐震壁を用いている。具体的には、断面中央に配置された鋼板耐震壁(t=9mm)を頭付きスタッドボルトを介して両側に打設されたコンクリートと一体化することで座屈補剛し、比較的高い耐力を確保できるSRC耐震壁を構成した。

接地するゆるやかなスロープ部　配筋や型枠はなりで曲げる。

スラブ軽量化のために一般部には二方向ボイドスラブを配した

29 | 京都市立芸術大学・京都市立美術工芸高等学校 KYOTO CITY UNIVERSITY OF ARTS AND KYOTO CITY SENIOR HIGH SCHOOL

RING・フジワラボ・o+h・吉村設計共同体 INUI, RING, FUJIWALABO, O+H, YOSHIMURA | 2017-2023年　京都府京都市

　京都市立芸術大学と京都市立美術工芸高校の移転計画プロポーザルを経て、京都駅からほど近い3つの地区（A〜C地区）にまたがる3.4ヘクタールの敷地に、およそ8棟の分棟が計画された。
　京都の都市構造や要素を参照して計画が進められ、敷地を貫く芸大通り等の「通り」を地区内に通し、通りの両側には、「大きな軒下」と呼ばれる空間が配される。また、棟の内外には、「突き抜け」と呼ばれる廊下等が配置された。このまちのような様相に骨格を与えたのが、マトリクスフロアという構造的な概念で、建築全体に統一性をもたらすだけでなく、そこに建築的な多様性も共存させるものとなった。

C地区制作通りからA棟（右）およびB棟（左）を見る　10.8mピッチで並ぶ900角のSRC柱と地上7mおよび20mレベルにあるマトリクスフロア。
2枚のマトリクスフロアの間には、450mm厚のフラットスラブで構成されるフリーストラクチャーが挿入されている。

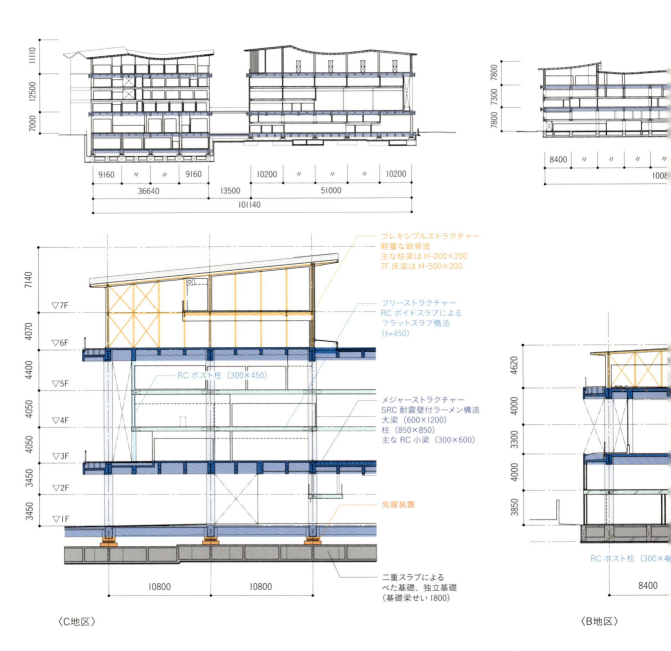

〈C地区〉　　　　　　　　　　　　　　　　　　　　　　　〈B地区〉

構造計画

　各地区共通で「マトリクスフロア」と呼ぶ、堅牢な床を3階および6(5)階に設ける計画とした。そもそもマトリクスフロアという概念は、隣接する「京都駅」(原広司設計)の構造計画において師である木村俊彦が提唱した「マトリクス」という概念をヒントに、京都の潜在的な都市構造を積極的にメタファーとして捉え、新たな場や空間を創生する母体(=マトリクス)としてプロポーザル時より提案をしたものである。

　C地区については、スパン10.8mの鉄骨鉄筋コンクリート柱梁架構(柱：■-850×850(外径900×900)、梁：■-600×1200)と格子小梁(■-300×600)によりマトリクスフロアを構成し、これを「メジャーストラクチャー」とした。そしてこれを、堅牢な大地として変化させない部分と位置づけた。

　また、中間階である2階・4階・5階には、鉄筋コンクリートボイドスラブによるフラットスラブ(t=450mm)を配し、ここを「フリーストラクチャー」と称した。6階より上部には、微細な鉄骨により構成されるフレキシ

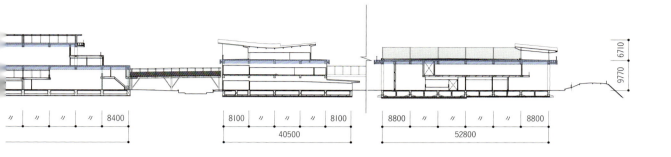

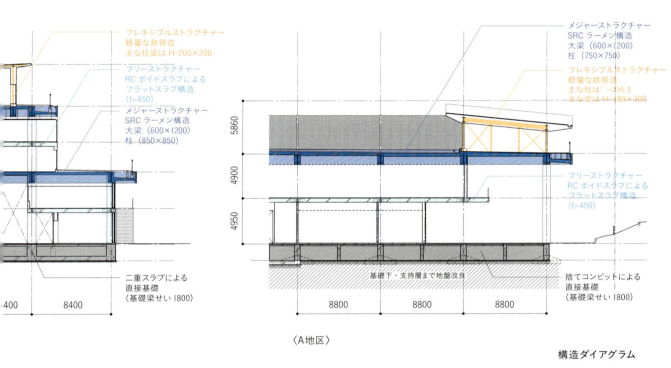

〈A地区〉

構造ダイアグラム

ブルな架構(柱・梁：H-200×200など)を配し、ここを「フレキシブルストラクチャー」と称した。フリーストラクチャーおよびフレキシブルストラクチャーは、時代とともにフレキシブルに変化していい部分と位置づけ、建築計画に適合する柔軟で合理的な構造システムとした。これらの構造全体を構成するモジュールは京都の条坊制を支えている尺貫法を基本とした寸法体系とすることで、広大な建物の統一性を図っている。

A〜C地区共通の構造コンセプトのもと、各地区・各棟の建築計画に応じてスパンや断面を調整することにより、キャンパス全体に統一性をもたせるとともに、経済合理性のある構造計画とした。なお、高さ・スパンともに規模の大きいC地区では、上記の大架構と多様な小架構を最適に実現するために4つの棟と棟間の通りを包含するおよそ100m四方のエリアを一体とした「街区免震」を採用することで、地震時の安全性を高めるとともに、重要な美術品等の保護を可能とする計画とした。

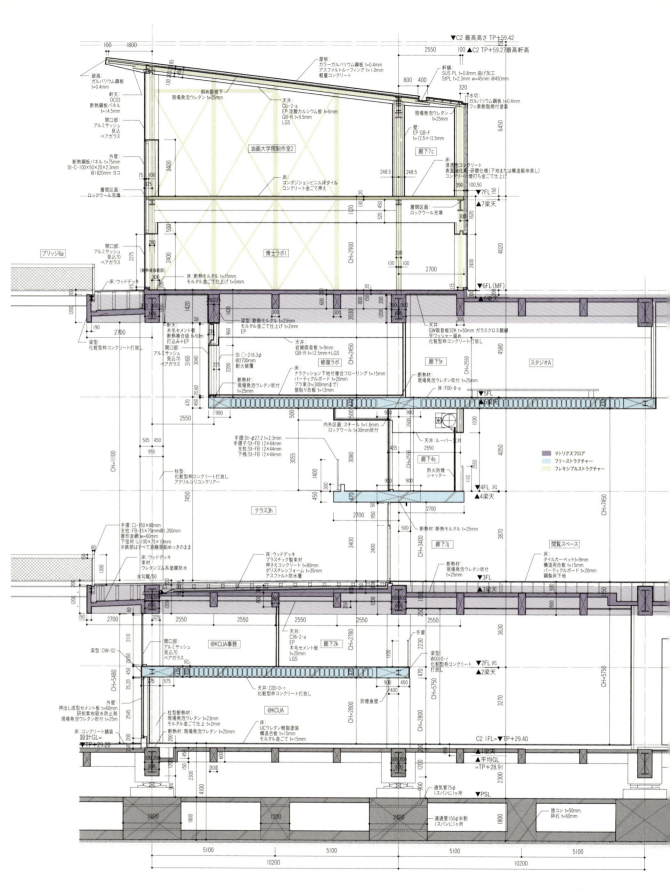

断面詳細図（C地区）

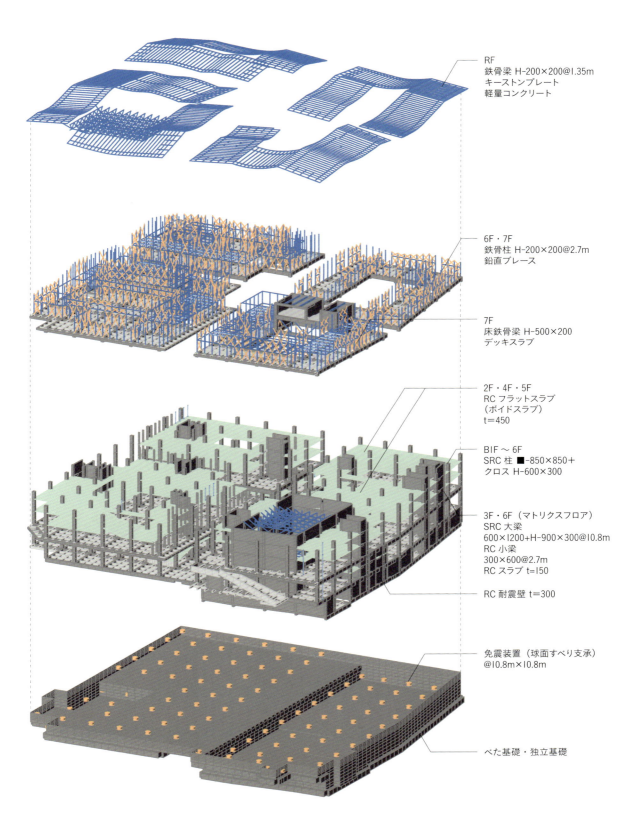

C地区の構造システム

SRC柱梁と3階マトリクスフロアの配筋　10.8mスパンの大梁の間に2.7mピッチに配された格子小梁を見る。

SRC架構の間から4階フラットスラブの施工の様子を見る

フリーストラクチャーを構成するフラットスラブ（二方向ボールボイドスラブ）のコンクリート打設

6階からRFの鉄骨柱梁架構（フレキシブルストラクチャー）の建方

10.8mスパンのRFの鉄骨梁はH形鋼 H-200×200を1.35mピッチでジョイスト状に架け、軽快な屋根を実現

手前中央がC地区、その右奥にB地区、さらにその奥中央から左にかけてA地区が続く　各地区、同時並行で施工が進められた。

脱型後のマトリクスフロア下面を見る

C地区A棟「堀場信吉記念ホール」の上部には21.6mスパンのトラスが架かる

北側からの俯瞰

左にA地区、中央にB地区、右にC地区を見る。敷地南側にはJR東海道線、東海道新幹線の線路、東側には賀茂川、西側には京都駅。これらに囲まれた約3.4ヘクタールの敷地に、京都の街並みに連続するような建築が計画された。

意匠設計は、東京と京都にある5社の設計事務所のJVで進められた。構造設計は佐々木構造計画（C地区）と同事務所OBである満田構造計画（B地区）および平岩構造計画（A地区）の3社のJVで行った。

30 | あなぶきアリーナ香川（香川県立アリーナ）ANABUKI ARENA KAGAWA (KANAGAWA PREFECTURAL ARENA) | 妹島和世＋西沢立衛

NAA KAZUYO SEJIMA+RYUE NISHIZAWA/SANAA | 2018-2024年　香川県高松市

　敷地は、高松のメインエリアであるサンポート高松に位置する、海沿いの約31000㎡の埋立地である。ここに、周辺環境と体育館がひとつとなった公園のような新しい公共空間の計画が行われた。当該建物は、延べ面積約30000㎡のメインアリーナ、サブアリーナ、武道施設、およびそれらをつなぐエントランス広場により構成されるアリーナ、体育施設で、これらの空間は1枚の連続した大屋根により覆われる。
　メインアリーナは、アリーナの周りを取り囲む客席外周に壁はなく、その外にある交流エリアやホワイエと一体となる一室空間であり、これらの空間は、周囲どこからでもアプローチ可能な公共性の高い空間として計画された。

メインアリーナ内観

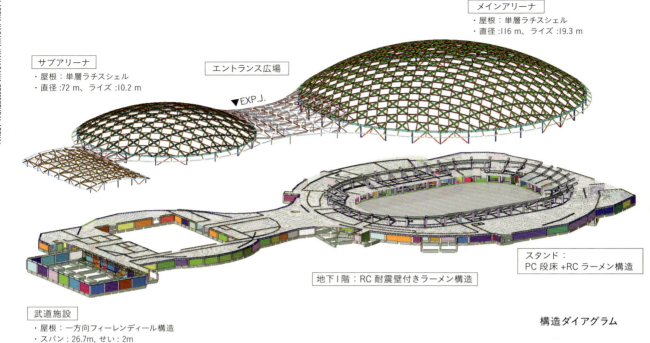

構造ダイアグラム

構造計画

　本建物の構造は、大きく2つの要素から構成されている。
1) メインアリーナおよびサブアリーナを覆う単層ラチスシェル（単層直交格子ドーム）、武道場を覆う一方向フィーレンディール架構、エントランス広場上部の鉄骨柱梁により構成される鉄骨架構
2) メインアリーナのスタンドを構成するPC段床と支持RC架構およびこれらの下部構造となるRC架構

　このうち、メインアリーナの「単層ラチスシェル」は直径116mの規模からなる。構造物の実現にはガリレオ以来の「二乗三乗則」という厳格な物理法則が存在し、小規模なら誤魔化しがきくが、大規模な構造物になるとその形状の自由度は著しく制限される。残念ながらこの歴然たる事実を理解している建築家はあまりいない。構造・経済合理性を前提にしたライズが低くかつH形鋼による単層ラチスシェルという前例のないこの建物では、建築学会のラチスシェルの専門家たちとKドーム研究会を立ち上げ、工学的課題に真正面から取り組むという設計体制で臨んだ。

　自由曲面ではないけれどそれらしい外観に見えるように連続する屋根のSANAAのアイデアを損なうことなく、かつ工学的に妥当な大規模鉄骨ラチスシェルを実現することが構造チームの役割だった。そして、開断面を用いた単層ラチスシェルとしては、世界最大級のドームがここに実現した。

メインアリーナの構造計画

　メインアリーナの屋根は、直径116m、ライズ19.3mのブレース補剛された単層ラチスシェル（単層直交格子ドーム）で構成されている。格子梁をH-600×300@6m、格子内に配置されたひし形状の面内ブレースをH-250×250とし、ドームのスラストを処理するためにφ850×55の厚肉鋼管を冷間曲げしたテンションリングが外周に配されている。このテンションリングは、約11mピッチで計36本の鉄骨柱（φ500）により支持され、耐震要素として座屈拘束ブレースが柱間にバランスよく配されている。

　メインアリーナ、サブアリーナともに、ジャッキダウン時、柱脚部にはすべり支承を配し、建方期間中に載荷される固定荷重により生じる柱頭の曲げモーメントを逃がした後、柱脚を固定する施工方法を採用し、柱に施工時に生じる応力をコントロールすることで、意匠性に配慮した計画としている。

スタンド、下部構造および基礎の構造

　RC架構で構成されたスタンドは工場生産されたPC段床を観覧席に使用することで、構造躯体の品質と施工性の向上を図り、断面のスリム化や工期の短縮を図った。また、上部鉄骨架構を支持する下部RC構造は、建築計画に応じて諸室間に耐力壁を配置するとともに、およそ9mスパン、400mm厚のフラットスラブ構造とした。これにより地下の掘削量を減らし、施工性や経済合理性の高い構造形式とした。

　基礎構造は杭基礎とし、埋立地であることから液状化対策として杭頭を半剛接仕様として計画した。

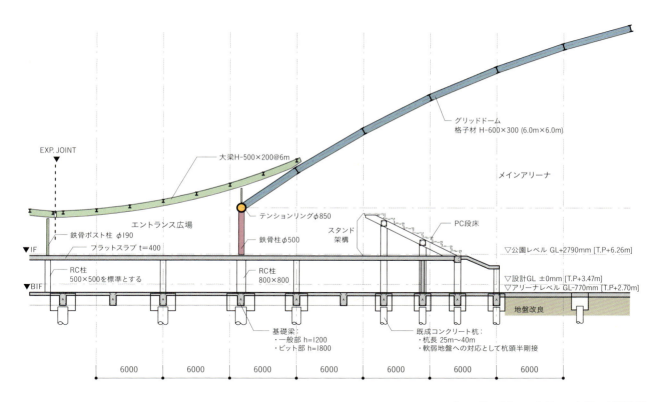

メインアリーナとエントランス広場の立面計画

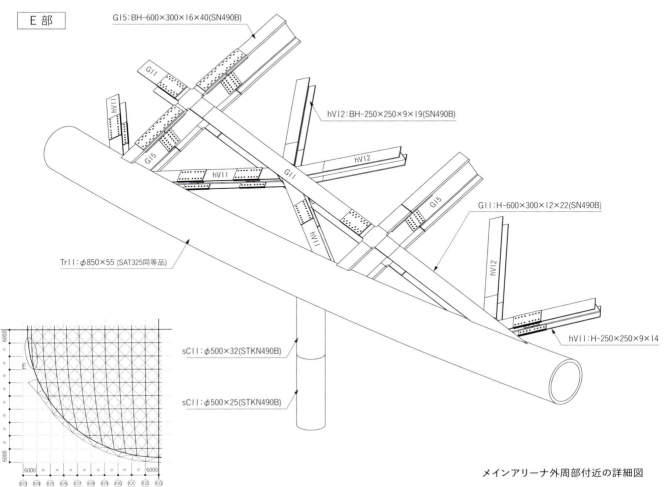

メインアリーナ外周部付近の詳細図

メインアリーナのテンションリング（φ850×55）建方時　白の四角いテントの中で溶接が行われている。
また、リング内部には12mピッチでベントが配置されている。

メインアリーナのテンションリング（φ850）と柱（φ500）
その間に座屈拘束ブレースが配置される。

メインアリーナのテンションリングと格子梁、面内ブレースのブラケット

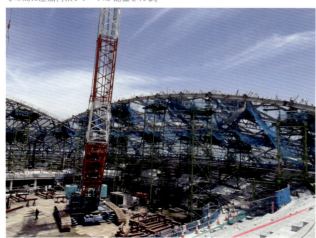

ベントを手掛かりに外周部から屋根鉄骨の建方が進む

ジャッキダウン時、柱の応力管理のためベースプレート下面に滑り支承を設けた
柱脚の移動量を正確に管理しながらジャッキダウンを進めた。

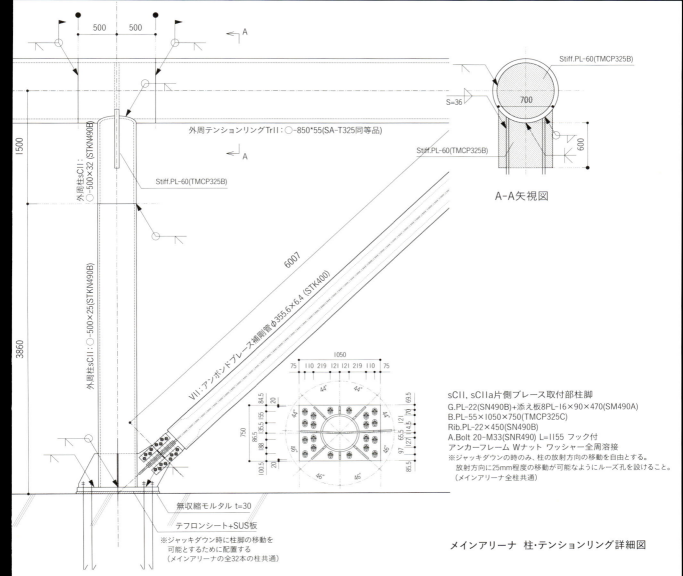

メインアリーナ 柱・テンションリング詳細図

ジャッキダウン直前のメインアリーナと、建方が開始したサブアリーナ
メインアリーナのジャッキダウンは、3段階に分けて実施され、最終段階は中央部10点の同時ジャッキダウンとなった。

サブアリーナ内観

サブアリーナの構造計画
　サブアリーナの屋根は、メインアリーナと同様に、直径72m、ライズ10.2mのブレース補剛された単層ラチスシェルで構成される。規模に応じて、格子梁はH-500×250@6m、面内ブレースはH-200×200、テンションリングはφ700×36とし、約12mピッチで計18本の鉄骨柱(φ400)により支持され、耐震要素として外周に座屈拘束ブレースを配置している。

武道施設内観

エントランス広場

武道施設の構造計画
　武道施設の屋根は、26.7m×46.8mの平面上に、7.8mピッチで上下弦材をH-250×250としたフィーレンディールトラス架構が配されている。外周には、耐震要素として座屈拘束ブレースを配し、サブアリーナと一体となり地震力を処理する計画としている。

エントランス広場の鉄骨柱梁架構
　メインアリーナとサブアリーナ間の公共空間であるエントランス広場の上部屋根は、鉄骨柱梁架構により支持している。この鉄骨架構は、メインアリーナとサブアリーナの中間地点にエキスパンションジョイントを設けることで、長大な鉄骨屋根の計画において、温度応力および地震力に配慮した計画としている。なお、エキスパンションは鉄骨架構のみに設け、下部RC架構は全体で一体として計画をした。

ANABUKI ARENA KAGAWA (KANAGAWA PREFECTURAL ARENA)

瀬戸内海から竣工直前の本建物を見る

協働の新たなステップ
（インタビューを通して考えたこと）

難波和彦

　作品集をまとめるにあたり、佐々木は構造デザインだけでなく、建築的な視点からも読める立体的な内容にしたいと考えたようだ。そのために難波による建築家へのインタビューを企画したと推察する。佐々木が建築家と協働した建築は数多いが、本書に掲載されている 30 の建築作品は佐々木自身の選択である。そのラインアップは大きく三人の建築家との協働作品に集約できる。佐々木が重要と考える建築もそれ以外に数点選ばれているが、主な建築は、磯崎新、伊東豊雄、SANAA（妹島和世＋西沢立衛）との協働作品である。佐々木は法政大学建築学科で長年教鞭を執っていたが、退職の前年に半年をかけて退職を記念する連続シンポジウム『構造デザインの射程』が開催された。シンポジウムには、協働建築家、法政大学の同僚、佐々木構造計画のスタッフなど多くの人たちが招かれて 8 回開催され、その記録に作品解説やエッセイを加えて退職記念本『構造・構築・建築―佐々木睦朗の構造ヴィジョン』（LIXIL 出版　2017）が出版された。その際の連続シンポジウムには、磯崎新、伊東豊雄、SANAA が招かれ、司会を難波が担当した。そのこともあり、今回のインタビューは、シンポジウムの延長上で視点を変えて行うことにしたのである。

　結論からいえば、佐々木の構造デザインの究極的なテーマは、フレーム構造と空間構造の追求に大別できるだろう。退職記念シンポジウムの中で佐々木自身も指摘しているように、両者のプロトタイプはアテネのパルテノン神殿とローマのパンテオンである。本書に収められている建築は、この 2 つのプロトタイプの最新で究極的な展開形だといってよい。

　磯崎新は 2022年末に亡くなったので、当然ながらインタビューすることはできない。しかし本書には磯崎との協働作品が 6 点収められている。佐々木にとって磯崎は、それだけ記憶に残る建築家なのである。ちなみに磯崎の代表作である「つくばセンタービル」の構造デザインを協働したのは木村俊彦だが、木村事務所での担当者は佐々木である。磯崎は最晩年に住まいを沖縄に移したが、まだ東京に住んでいる頃、佐々木と僕は何度か磯崎の住まいに呼ばれたことがある。その際に磯崎はこう述懐していた。「まともな構造ならば川口衛さんに頼むのだが、得体の知れない構造のときには佐々木さんに頼むことにしている」。磯崎にとって佐々木は新たな建築への協働者だったようだ。本書に掲載されている磯崎との協働作品は、すべて不定形曲面構造、いわゆるフラックスストラクチャーである。いまではフラックスストラクチャーは佐々木の代名詞のように思われているが、命名者は磯崎である。正確にいえば、アイデアは磯崎だが、その解析方法を考案したのは佐々木なのである。その経緯は『構造・構築・建築』に収められたシンポジウムの磯崎の回の記録に詳しく書かれている。佐々木が大学院の修士課程で研究したのは空間構造だったから、フラックスストラクチャーは起源回帰といってもよいかも知れない。磯崎と協働したフラックスストラクチャーの完成形は「カタール国立コンベンションセンター」に見ることができるだろう。

伊東豊雄の名前を世に知らしめた建築は「八代市立博物館 未来の森ミュージアム」だが、構造デザインは木村俊彦である。この建築には佐々木はタッチしていない。伊東が佐々木睦朗と初めて協働した建築は、出雲の「大社文化プレイス」である。公開コンペで勝利した建築であり、錚々たる建築家たちが参加したコンペだったので、審査プロセスが伊東には強く記憶に残っているという。コンペ案は完全に円形プランの市民ホールだったが、市民の強い要求によってコンペ後に図書館のプログラムが追加されたため、円形プランは変更され、盛土によってなかば丘のような図書館を付加した建築になった。その後、伊東はいくつかの建築で佐々木と協働しているが、決定的な契機となった建築は、なんといっても「せんだいメディアテーク」である。この建築については多くのことが語られ、いまでは伝説的なエピソードがたくさん残されている。

　その中で二人の協働の決定的な転換をもたらした話題を紹介しよう。伊東によれば、この建築が実現する以前には軽くてイメージのような建築をめざしていたという。コンペ当初のスケッチと模型を見ればわかるように、伊東は構造体も床スラブも、限りなく細く薄い建築を提案していた。しかしながら佐々木がデザインした鋼管ラチスチューブの柱と、鋼板の床スラブが建ち上がるにつれ、伊東はコンペ当初のイメージとは異なる剛直で物質としての存在感におおいに戸惑ったそうである。竣工間近なときに、仙台で外装カーテンウォールに関するシンポジウムが開催され、伊東はパネラーとして招かれた。佐々木と僕も参加したが、その際に伊東は「せんだいメディアテーク」の構造体の剛直さと存在感について、佐々木の構造デザインはコンペ当初に自分が提案したコンセプトとは大きく異なっていること。自分としてはメディアテークという前代未聞のプログラムについて市民を説得するための強度のある表現として捉えるようになっていると説明した。それに対して佐々木は憮然としながらも、イメージの構造体とリアルな構造体の物質性の差異について強く反論した。その場では、議論はそれ以上展開しなかったが、伊東はこの建築を契機にして、イメージの軽さや美を追求することから、建築の物質性を通じて建築の社会性を追究する方向へと転換したと述べている。かたや佐々木の方は、林立するラチスシェルの柱が、わずかに揺らいでいることの構造的合理性を気にしていた。伊東がいつも追求している空間の流動性へのこだわりである。その後、佐々木は名古屋大学でこの微細な揺らぎの合理性を追求することになる。このような相互作用は、建築家と構造家の弁証法的で創造的な協働に思える。そのようなやりとりについて、伊東は「佐々木さんを怒らせないと良いアイデアは出てこない」とコメントしている。伊東との初めてのフラックスストラクチャーの試みである「アイランドシティ中央公園中核施設　ぐりんぐりん」には、その格闘の跡を読み取ることができるだろう。当初はコンクリートシェルの厚みについて、伊東と佐々木との間で喧々諤々とした議論が交わされたという。「瞑想の森　市営斎場」において、その成果が洗練された形で実現されている。伊東は佐々木よりも5歳年上だが、ほぼ同世代である。インタビューの最後に、伊東に僕の年齢を問われたが、佐々木と同世代だと答えた。

SANAAの妹島和世と西沢立衛は、佐々木よりも一世代若いので、対応の仕方は伊東とはまったく異なっているように見える。妹島から佐々木を紹介してほしいという電話をもらったのは、SANAAが「国際情報科学芸術アカデミー　マルチメディア工房」の設計に着手する頃だったと記憶している。佐々木は要注意人物だから気をつけるようにと返事した。妹島はそのときの僕の対応をはっきりと覚えているという。1990年代のなかばだったから、いまから30年前のことである。当時の佐々木は、さまざまな建築家と協働しており、そのプロセスについていつも聞かされていた。紹介した手前少し心配だったので、SANAAとのやりとりについても、何度も話を聞かされた。時には詳細図まで送られてきたので、コメントを加えて返送したこともある。危うい詳細も多々あり紆余曲折はあったけれど、無事に建築がまとまったという報告を聞いてホッとした記憶がある。あとで聞けば、佐々木はSANAAに対してアニキのようなスタンスで対応したらしい。妹島はすでに名の知れた建築家だったが、西沢はずっと若かったので、当初はアニキの話を黙って聴くというスタンスだったらしい。

　オランダの「スタッドシアター・アルメラ」はSANAAが初めて国際コンペで勝利して実現した建築であり、SANAAがライト・ストラクチャーのコンセプトで世界に知られるようになった建築である。構造と壁の区別がないような建築をめざしてケント紙でつくった模型がアイデアのきっかけになったそうだ。佐々木の正確なスケール感に西沢は驚愕したという。当時、僕は佐々木との勉強会を通じて〈微細な構築〉という概念を提唱していたので、その計画を見て膝を打った記憶がある。

　「金沢21世紀美術館」はSANAAと佐々木の協働のひとつの頂点といってよい。鉄骨の微細なグリッド構造をプラットフォーム的な基本システムとして、そこにランダムに展示室を差し込む方法は、まさに〈システムと自由〉という問題に対する弁証法的な回答である。「豊島美術館」は佐々木のお気に入りの建築だが、RCシェルに形を変えた回答と見ることもできる。フラックスストラクチャーの自在さを徹底的に追究し三次元の立体曲面の床を実現した「ROLEXラーニングセンター」は、その究極的な回答といってよい。最近作の「あなぶきアリーナ香川」は、鉄骨造によってライズの低いシェル構造を実現した集大成的な建築である。先頃完成した「京都市立芸術大学・京都市立美術工芸高等学校」は、グリッドシステムと自由な表現という長年のテーマを、重奏的な軸組構造によって実現した、もうひとつの集大成的な建築である。

　佐々木とSANAAのやりとりは巨大な模型を介した創造的なコミュニケーションである。ヨーロッパやアメリカ流の建築教育では巨大なスタディ模型をつくることはほとんどない。しかし現在では、模型が建築教育にとって最重要なメディアであることが理解されるようになっている。そうした世界的潮流を生み出したのは、伊東豊雄やSANAAであることは間違いない。

建築データ

01 大社文化プレイス / TAISHA CULTURAL HALL

所在地	島根県出雲市大社町
主要用途	劇場、図書館
建築設計	伊東豊雄建築設計事務所
構造設計	佐々木睦朗構造計画研究所
施工	大社町プレイス 鴻池組・中筋組・岩成工業特別共同企業体
敷地面積	20,400.17㎡
建築面積	5,567.37㎡
延床面積	5,847.36㎡
階数	地上4階
最高高	21,769mm
構造	鉄筋コンクリート造、一部鉄骨造
杭・基礎	杭基礎、直接基礎、PHC抗中掘工法
設計期間	1996年5月〜1997年3月
施工期間	1997年9月〜1999年7月

担当スタッフ：池田昌弘、多田脩二

02 国際情報科学芸術アカデミー マルチメディア工房 / MULTIMEDIA WORKSHOP

所在地	岐阜県大垣市
主要用途	スタジオ、アトリエ
建築設計	妹島和世＋西沢立衛 / 妹島和世建築設計事務所
構造設計	佐々木睦朗構造計画研究所
施工	土屋組
敷地面積	22,347.00㎡
建築面積	856.21㎡
延床面積	872.87㎡
階数	地上2階
最高高	9,389.03mm
軒高	3,468.03mm
構造	鉄筋コンクリート造、鉄骨造
杭・基礎	ソイルセメントコラム（地盤改良工法）
設計期間	1995年5月〜1996年2月
施工期間	1996年3月〜1996年10月

担当スタッフ：多田脩二

03 飯田市小笠原資料館 / O-MUSEUM

所在地	長野県飯田市
主要用途	資料館
建築設計	妹島和世＋西沢立衛 / 妹島和世建築設計事務所
構造設計	佐々木睦朗構造計画研究所
施工	太田建設
敷地面積	4,487.42㎡
建築面積	435.00㎡
延床面積	457.90㎡
階数	地上2階
最高高	7,150mm
構造	鉄骨造、1階：鉄筋コンクリート造
杭・基礎	深礎
設計期間	1995年4月〜1997年3月
施工期間	1998年4月〜1999年3月

担当スタッフ：多田脩二

04 せんだいメディアテーク / SENDAI MEDIATHEQUE

所在地	宮城県仙台市
主要用途	図書館、美術館、映画館
建築設計	伊東豊雄建築設計事務所
構造設計	佐々木睦朗構造計画研究所
施工	熊谷組・竹中工務店・安藤建設・橋本共同企業体
敷地面積	3,948.72㎡
建築面積	2,933.12㎡
延床面積	21,682.15㎡
階数	地下2階、地上8階
最高高	36,490mm
軒高	31,800mm
構造	地下1階〜屋上階：鉄骨造、地下2階：鉄筋コンクリート造
杭・基礎	ベタ基礎
設計期間	1995年4月〜1997年8月
施工期間	1997年12月〜2000年8月

担当スタッフ：池田昌弘、多田脩二、鈴木啓

05 山口情報芸術センター / YAMAGUCHI CENTER FOR ARTS AND MEDIA

所在地	山口県山口市
主要用途	劇場、図書館
建築設計	磯崎新アトリエ、山口市都市整備部
構造設計	佐々木睦朗構造計画研究所
施工	大林組・安藤建設・旭建設工業・技工団特定建設工事共同企業体
敷地面積	14,526.00㎡
建築面積	7,342.65㎡
延床面積	14,824.67㎡
階数	地下2階、地上3階
最高高	19,850mm
軒高	19,650mm
構造	鉄骨造、一部鉄筋コンクリート造
杭・基礎	直接基礎（ベタ基礎・独立基礎）
基本計画	1996年11月〜1999年11月
基本設計	1999年12月〜2000年8月
実施設計	2000年9月〜2001年5月
施工期間	2001年9月〜2003年3月

担当スタッフ：久米弘記、村上博昭

06 中国国家大劇院 / NATIONAL GRAND THEATER（Unbuilt）

建築設計	磯崎新アトリエ
構造設計	佐々木睦朗構造計画研究所
構造	鉄筋コンクリート造、一部鉄骨鉄筋コンクリート造
敷地面積	38,916㎡
建築面積	29,025㎡
延床面積	129,820㎡

担当スタッフ：池田昌弘、久米弘記、村上博昭

07 金沢21世紀美術館 / 21ST CENTURY MUSEUM OF CONTEMPORARY ART, KANAZAWA

所在地	石川県金沢市
主要用途	美術館
建築設計	妹島和世＋西沢立衛 / SANAA
構造設計	佐々木睦朗構造計画研究所
施工	竹中・ハザマ・豊蔵・岡・本陣・日本海特定建設工事企業体
敷地面積	26,009.61㎡
建築面積	9,651.99㎡
延床面積	17,363.71㎡
階数	地下2階、地上2階
最高高	14,900mm
軒高	4,651mm(1階共用部)
構造	鉄骨造＋鉄筋コンクリート造、一部鉄骨鉄筋コンクリート造
杭・基礎	直接基礎
設計期間	1999年4月〜2001年10月
施工期間	2002年3月〜2004年6月(美術館本体工事)

担当スタッフ：小西泰孝、久米弘記、村上博昭

08 ルイ・ヴィトン表参道ビル / LOUIS VUITTON OMOTESANDO

所在地	東京都渋谷区
主要用途	物販店舗、事務所、理髪店
建築設計	青木淳建築計画事務所
構造設計	佐々木睦朗構造計画研究所
施工	清水建設
敷地面積	594.82㎡
建築面積	512.89㎡
延床面積	3,258.73㎡
階数	地下2階、地上8階、塔屋1階
最高高	29,500mm
軒高	29,200mm
構造	鉄骨造、一部鉄骨鉄筋コンクリート造
杭・基礎	場所打ちコンクリート杭、マットスラブ
設計期間	2000年9月〜2001年3月
施工期間	2001年4月〜2002年8月

担当：多田脩二、久米弘記

09 まつもと市民芸術館 / MATSUMOTO PERFORMING ARTS CENTRE

所在地	長野県松本市
主要用途	劇場
建築設計	伊東豊雄建築設計事務所
構造設計	佐々木睦朗構造計画研究所
施工	竹中・戸田・松本土建特定建設工事共同企業体
敷地面積	9,142.50㎡
建築面積	7,080.02㎡
延床面積	19,184.38㎡
階数	地下2階、地上7階、塔屋1階
最高高	34,000mm
軒高	33,550mm
構造	鉄骨鉄筋コンクリート造、一部鉄骨造、鉄筋コンクリート造
杭・基礎	杭基礎(鋼管杭)
設計期間	2000年11月〜2001年10月
工事期間	2001年11月〜2004年3月

担当スタッフ：満田衛資、多田脩二、久米弘記

10 北方町生涯学習センターきらり / KITAGATA TOWN COMMUNITY CENTER

所在地	岐阜県本巣郡
主要用途	生涯学習センター
建築設計	磯崎新アトリエ
構造設計	佐々木睦朗構造計画研究所
施工	土屋組
敷地面積	62,891.00㎡(北方住宅敷地内)
建築面積	1,668.55㎡
延床面積	4,494.91㎡
階数	地下1階、地上2階
最高高	15,700mm
軒高	9,000mm
構造	鉄筋コンクリート造、一部鉄骨造、鉄骨鉄筋コンクリート造
杭・基礎	直接基礎
設計期間	2001年5月〜2003年3月
施工期間	2004年1月〜2005年10月

担当スタッフ：寺戸巽海、満田衛資、崔昌禹、村上博昭

11 フィレンツェ新駅 / NEW FLORENCE STATION (Unbuilt)

主要用途	駅
建築設計	磯崎新アトリエ
構造設計	SAPS / Sasaki And Partners、ADR Engineering
構造	鉄骨造、鉄筋コンクリート造
敷地面積	66,100 ㎡
建築面積	24,500 ㎡
延床面積	46,670 ㎡
最高高	18.7 m

担当スタッフ：久米弘記、小西泰孝、鈴木健、崔昌禹

12 アイランドシティ中央公園中核施設 ぐりんぐりん / ISLAND CITY CENTRAL PARK 'GRINGRIN'

所在地	福岡県福岡市
主要用途	温室、その他
建築設計	伊東豊雄建築設計事務所
構造設計	佐々木睦朗構造計画研究所
施工	竹中工務店・高松組建設工事共同企業体
敷地面積	129,170.00㎡
建築面積	5,162.07㎡
延床面積	5,033.47㎡
階数	地上1階
最高高	9,350mm
軒高	8,950mm
構造	鉄筋コンクリート造、一部鉄骨造
杭・基礎	鋼管杭
設計期間	2002年10月〜2003年11月
施工期間	2004年3月〜2005年4月

担当スタッフ：多田脩二、崔昌禹、寺戸巽海

13 ツォルフェライン・スクール /
ZOLLVEREIN SCHOOL OF MANAGEMENT AND DESIGN

所在地	ドイツ・エッセン
主要用途	学校
建築設計	妹島和世＋西沢立衛 / SANAA、DIPL. ING. HEINRICH BÖLL ARCHITEKT BDA DWB
構造設計	SAPS / Sasaki and Partners、BOLLINGE + ROHMANN GmBH
施工	SCHÄFER BAUTEN GmbH
敷地面積	14,694㎡
建築面積	1,225㎡
延床面積	6,512㎡（屋上階を除く）
階数	地下1階、地上4階、塔屋2階
最高高	34,000mm
軒高	34,000mm
構造	鉄筋コンクリート造
杭・基礎	直接基礎
設計期間	2003年4月〜2005年3月
施工期間	2005年3月〜2006年7月

担当スタッフ：久米弘記、池田昌弘

14 ニューミュージアム / NEW MUSEUM OF CONTEMPORARY ART

所在地	アメリカ・ニューヨーク
主要用途	美術館
建築設計	妹島和世＋西沢立衛／SANAA、GENSLER
構造設計	SAPS / Sasaki and Partners、GUY NORDENSON AND ASSOCIATES + SIMPSON GUMPERTZ & HEGER
施工	F. J. SCIAME CONSTRUCTION
敷地面積	737.86㎡
建築面積	737.86㎡
延床面積	5,776.42㎡
階数	地下2階、地上8階
最高高	53,178mm
軒高	53,154mm
構造	鉄骨造、鉄筋コンクリート造
杭・基礎	ベタ基礎
設計期間	2003年5月〜2005年12月
施工期間	2005年11月〜2007年11月

担当スタッフ：満田衛資、鳴川肇

15 上海ヒマラヤセンター / HIMALAYAS CENTER

所在地	中国・上海市
主要用途	美術館、ホテル、オフィス、店舗
建築設計	磯崎新アトリエ、上海現代建築設計（集団）有限公司
構造設計	SAPS / Sasaki and Partners、上海江欢成建筑设计有限公司
施工	浙江中成建工集团有限公司
敷地面積	28,893㎡
建築面積	8,497㎡
延床面積	154,890㎡
階数	地下3階、地上18階、塔屋1階
最高高	99,600mm
構造	鉄筋コンクリート造、一部鉄骨造、鉄骨鉄筋コンクリート造
杭・基礎	埋込杭、浮き基礎
設計期間	2003年4月〜2008年8月
施工期間	2006年4月〜2010年1月

担当スタッフ：崔昌禹、鈴木健、浜田英明、平岩良之

16 瞑想の森 市営斎場 /
'MEISOU NO MORI' MUNICIPAL FUNERAL HALL

所在地	岐阜県各務原市
主要用途	火葬場
建築設計	伊東豊雄建築設計事務所
構造設計	佐々木睦朗構造計画研究所
施工	戸田・市川・天龍特定建設工事共同企業体
敷地面積	6,695.97㎡
建築面積	2,269.66㎡
延床面積	2,264.57㎡
階数	地上2階
最高高	11,560mm
構造	鉄筋コンクリート造、一部鉄骨造
杭・基礎	直接基礎、地盤改良（ソイルセメントコラム）
設計期間	2004年5月〜2005年3月
施工期間	2005年4月〜2006年5月

担当スタッフ：寺戸巽海、小松宏年

17 多摩美術大学図書館（八王子キャンパス）/
TAMA ART UNIVERSITY LIBRARY (HACHIOJI CAMPUS)

所在地	東京都八王子市
主要用途	図書館
建築設計	伊東豊雄建築設計事務所、鹿島建設
構造設計	佐々木睦朗構造計画研究所、鹿島建設
施工	鹿島建設
敷地面積	159,184.87㎡（学内全体）
建築面積	2,224.59㎡
延床面積	5,639.46㎡
階数	地下1階、地上2階
最高高	13,110mm
軒高	10,900mm
構造	鉄骨＋コンクリート造、一部鉄筋コンクリート造（地下階）
杭・基礎	PHC節付杭
設計期間	2004年4月〜2005年10月
施工期間	2005年11月〜2007年2月

担当スタッフ：満田衛資

18 豊島美術館 / Teshima Art Museum

所在地　　　香川県小豆郡
主要用途　　美術館
建築設計　　西沢立衛建築設計事務所
構造設計　　佐々木睦朗構造計画研究所
施工　　　　鹿島建設
アート　　　内藤礼
敷地面積　　9,959.59㎡
建築面積　　2,155.45㎡
延床面積　　2,334.73㎡
階数　　　　地上1階、一部地下1階
最高高　　　4,670mm
構造　　　　鉄筋コンクリート造
杭・基礎　　直接基礎
設計期間　　2004年9月〜2009年1月
施工期間　　2009年2月〜2010年9月

担当スタッフ：小松宏年、浜田英明

19 カタール国立コンベンションセンター / QATAR NATIONAL CONVENTION CENTER

所在地　　　　　カタール・ドーハ
主要用途　　　　コンベンションセンター
建築基本設計　　磯崎新アトリエ＋アイ・ネット、大成建設
建築実施設計　　ハルクロウ・グループ、RHWL アーキテクツ
構造設計　　　　SAPS / Sasaki and Partners
構造実施設計　　ハルクロウ・グループ
敷地面積　　　　200,000㎡
建築面積　　　　28,000㎡
延床面積　　　　75,000㎡
階数　　　　　　地下1階、地上5階
最高高　　　　　27,500mm
構造　　　　　　鉄筋コンクリート造、鉄骨造
杭・基礎　　　　既製コンクリート杭
設計期間　　　　2004年2月〜2005年4月
施工期間　　　　2006年5月〜2011年12月

担当スタッフ：小西泰孝、鈴木健、小松宏年、崔昌禹

20 座・高円寺 / ZA-KOENJI PUBLIC THEATRE

所在地　　　東京都杉並区
主要用途　　劇場
建築設計　　伊東豊雄建築設計事務所
構造設計　　佐々木睦朗構造計画研究所
施工　　　　大成建設
敷地面積　　1,649.26㎡
建築面積　　1,107.86㎡
延床面積　　4,977.74㎡
階数　　　　地下3階、地上3階
最高高　　　15,920mm
軒高　　　　15,770mm
構造　　　　鉄骨造、一部鉄筋コンクリート造
杭・基礎　　直接基礎
設計期間　　2005年6月〜2006年8月
施工期間　　2006年12月〜2008年11月

担当スタッフ：満田衛資、鈴木健

21 ROLEX ラーニング センター / ROLEX LEARNING CENTER

所在地　　　　スイス・ローザンヌ
主要用途　　　学生センター
建築設計　　　妹島和世＋西沢立衛 / SANAA、Architram SA
構造コンセプト　SAPS / Sasaki and partners
構造設計　　　B+G Ingenieure Bollinger und Grohmann GmbH、
　　　　　　　Walther Mory Maier Bauingenieure AG、
　　　　　　　BG Ingenieurs Conseils SA、LosInger Construction SA
施工　　　　　Losinger Construction SA
敷地面積　　　88,000㎡
建築面積　　　20,200㎡
延床面積　　　37,000㎡
階数　　　　　地下1階、地上1階
最高高　　　　10,400mm
軒高　　　　　4,460〜10,110mm
構造　　　　　鉄筋コンクリート造、鉄骨造、一部木造
杭・基礎　　　杭基礎、ベタ基礎
設計期間　　　2005年5月〜2007年7月
施工期間　　　2007年8月〜2008年12月

担当スタッフ：礒崎あゆみ、小松宏年、浜田英明

22 国立台湾大学 社会科学部棟 / NATIONAL TAIWAN UNIVERSITY, COLLEGE OF SOCIAL SCIENCES

所在地　　　台湾・台北市
主要用途　　教育施設（大学）
建築設計　　伊東豊雄建築設計事務所、宗邁建築師事務所、大涵學乙設計工程
構造設計　　SAPS / Sasaki and Partners、超偉工程顧問
施工　　　　互助営造
敷地面積　　869,491㎡
建築面積　　6,776.89㎡
延床面積　　53,231.69㎡
階数　　　　地下2階、地上8階、塔屋1階
最高高　　　34,550mm
軒高　　　　31,200mm
構造　　　　鉄筋コンクリート造、一部鉄骨造
設計期間　　2006年8月〜2009年10月
施工期間　　2010年2月〜2013年5月

担当スタッフ：犬飼基史、寺戸巽海

23 軽井沢千住博美術館 / HIROSHI SENJU MUSEUM KARUIZAWA

所在地	長野県軽井沢
主要用途	美術館
建築設計	西沢立衛建築設計事務所
構造設計	佐々木睦朗構造計画研究所
施工	清水・笹沢建設共同企業体
敷地面積	6,183.45㎡
建築面積	1,918.82㎡
延床面積	1,818.42㎡
階数	地上1階
最高高	6,070mm
軒高	6,020mm
構造	鉄骨造、一部鉄筋コンクリート造
杭・基礎	杭基礎
設計期間	2007年6月～2009年5月
施工期間	2009年6月～2011年1月

担当スタッフ：小松宏年

24 すみだ北斎美術館 / SUMIDA HOKUSAI MUSEUM

所在地	東京都墨田区
主要用途	美術館
建築設計	妹島和世建築設計事務所
構造設計	佐々木睦朗構造計画研究所
施工	大林・東武谷内田建設共同企業体
敷地面積	1,254.14㎡
建築面積	699.67㎡
延床面積	3,278.87㎡
階数	地下1階、地上4階、塔屋1階
最高高	21,920mm
軒高	21,010mm
構造	鉄筋コンクリート造、一部鉄骨造
杭・基礎	PC杭
設計期間	2009年5月～2014年5月
施工期間	2014年7月～2016年4月

担当スタッフ：浜田英明、木村俊明

25 グレイス・ファームズ / GRACE FARMS

所在地	アメリカ・コネチカット州
主要用途	マルチパーパスホール、図書室、ダイニング、体育館、クラスルーム、アートスタジオ 他
建築設計	妹島和世＋西沢立衛 / SANAA、Handel Architects（Executive Architect）
構造設計	SAPS / Sasaki and Partners、Robert Silman Associates
施工	Sciame Construction LLC
敷地面積	323,750㎡
建築面積	7,711㎡
延床面積	7,153㎡
階数	地上1階、一部地下1階
軒高	2,400～3,900mm
構造	鉄骨造、木梁架構
杭・基礎	布基礎、一部ベタ基礎
設計期間	2010年5月～2013年6月
施工期間	2013年6月～2015年10月

担当スタッフ：平岩良之

26 川口市めぐりの森
赤山歴史自然公園　歴史自然資料館　地域物産館 / 'MEGURI NO MORI' KAWAGUCHI CITY FUNERAL HALL, AKAYAMA HISTORIC NATURE PARK INFORMATION CENTER, REGIONAL PRODUCTS CENTER

所在地	埼玉県川口市
主要用途	川口市めぐりの森：火葬場 歴史自然資料館：展示場、事務所 地域物産館：物販店、飲食店、その他
建築設計	伊東豊雄建築設計事務所
構造設計	佐々木睦朗構造計画研究所
施工	火葬施設：東亜・埼和特定建設工事共同企業体 / 歴史自然資料館、地域物産館：埼和興産
敷地面積	火葬施設：19,800.32㎡ / 歴史自然資料館、地域物産館：62,147.07㎡
建築面積	火葬施設：5,589.87㎡ / 歴史自然資料館：582.57㎡ / 地域物産館：547.0㎡
延床面積	火葬施設：7,885.97㎡ / 歴史自然資料館：483.09㎡ / 地域物産館：406.9㎡
階数	火葬施設：地上2階、地下1階 / 歴史自然資料館：地上1階 / 地域物産館：地上1階
最高高	火葬施設：13,486mm / 歴史自然資料館：6,560mm / 地域物産館：4,100mm
軒高	火葬施設：12,986mm / 歴史自然資料館：3,675mm / 地域物産館：3,700mm
構造	火葬施設：鉄筋コンクリート造、一部鉄骨造 / 歴史自然資料館：鉄骨造 / 地域物産館：混構造（鉄骨鉄筋コンクリート造， 鉄筋コンクリート造，一部鉄骨造）
杭・基礎	火葬施設：杭基礎 （PHC杭φ=500～800mm, 102本＋4本（附属棟）， 場所打ち杭φ1,300～2,100mm,10本） / 歴史自然資料館：杭基礎 / 地域物産館：直接基礎
設計期間	2011年7月～2014年3月
施工期間	火葬施設：2015年12月～2018年12月 / 歴史自然資料館：2016年9月～2018年2月 / 地域物産館：2016年11月～2018年3月

担当スタッフ：木村俊明、平岩良之、永井佑季、今澤和貴

27 新青森県総合運動公園陸上競技場 /
SHIN-AOMORI PREFECTURAL COMPREHENSIVE ATHLETIC STADIUM

所在地	青森県青森市
主要用途	多目的陸上競技場
建築設計	伊東豊雄建築設計事務所
構造設計	佐々木睦朗構造計画研究所
施工	大林組・丸喜齋藤組・西村組共同企業体
敷地面積	847,841.80㎡
建築面積	18,643.21㎡
延床面積	31,465.95㎡
階数	地下1階、地上4階
最高高	29.00m
軒高	26.48m
構造	鉄筋コンクリート造 （一部PCa版段床 ハーフPCa版 ポストテンション方式併用） 鉄骨造、鉄骨鉄筋コンクリート造
杭・基礎	杭基礎（回転貫入鋼管杭）
設計期間	2013年8月〜2015年8月
施工期間	2016年4月〜2018年12月

担当スタッフ：平岩良之、木村俊明、永井佑季（大型映像装置）、
今澤和貴（照明塔）

28 大阪芸術大学 アートサイエンス学科棟 /
OSAKA UNIVERSITY OF ARTS, DEPARTMENT OF ART SCIENCE

所在地	大阪府南河内郡
主要用途	大学
建築設計	妹島和世建築設計事務所
構造設計	佐々木睦朗構造計画研究所
施工	大成建設
敷地面積	209,854.26㎡
建築面積	2,684.15㎡
延床面積	3,176.28㎡
階数	地下1階、地上2階
最高高	9,800mm
軒高	7,500mm
構造	鉄骨造、鉄骨鉄筋コンクリート造
杭・基礎	直接基礎
設計期間	2015年9月〜2017年6月
施工期間	2017年7月〜2018年11月

担当スタッフ：犬飼基史、永井佑季

29 京都市立芸術大学・京都市立美術工芸高等学校 /
KYOTO CITY UNIVERSITY OF ARTS AND KYOTO CITY
SENIOR HIGH SCHOOL OF ART

所在地	京都府京都市
主要用途	C地区：学校（大学）、劇場（音楽ホール）、 展示場（ギャラリー）、事務所 / B地区：学校（大学）/ A地区：学校（大学・高校）
建築設計	乾・RING・フジワラボ・o+h・吉村設計共同体
構造設計	佐々木睦朗構造計画研究所（C地区, 上空通路）、 満田衛資構造計画研究所（B地区, A地区H棟）、 平岩構造計画（A地区I棟, 高校）、竹中工務店（C地区）
施工	竹中工務店（C地区） 松村組・要建設特定建設共同企業体（A・B地区）
敷地面積	C地区：15,831.65㎡ / B地区：6,039.57㎡ / A地区：12,636.38㎡　計34,507.60㎡
建築面積	C地区：10,227.42㎡ / B地区：2,967.05㎡ / A地区：8,168.66㎡　計21,363.13㎡
延床面積	C地区：46,532.59㎡ / B地区：9,478.11㎡ / A地区：18,285.46㎡　計74,296.16㎡
階数	C地区：地上7階、地下1階 / B地区：地上5階 / A地区：地上4階
最高高	C地区：30,900mm / B地区：23,200mm / A地区：19,400mm
軒高	C地区：30,450mm / B地区：23,000mm / A地区：18,700mm
構造	C地区：鉄骨鉄筋コンクリート造、一部鉄骨造 / B地区：鉄骨鉄筋コンクリート造、一部鉄骨造（E棟）、 木造（F棟）、鉄骨造（G棟）/ A地区：鉄骨鉄筋コンクリート造、一部鉄骨造（I棟）、 鉄筋コンクリート造、一部鉄骨造（H棟）、 鉄筋コンクリート造、一部鉄骨造（高校）
杭・基礎	C地区：直接基礎、基礎免震（球面すべり支承）/ A・B地区：直接基礎
設計期間	2017年10月〜2020年3月
施工期間	C地区：2021年4月〜2023年8月 / B地区：2021年9月〜2023年6月 / A地区：2021年7月〜2023年1月

担当スタッフ：犬飼基史、永井佑季、富岡庸平
＋満田衛資（満田衛資構造計画研究所）
＋平岩良之（平岩構造計画）

30　あなぶきアリーナ香川（香川県立アリーナ）/
　　ANABUKI ARENA KAGAWA（KAGAWA PREFECTURAL ARENA）

所在地　　香川県高松市
主要用途　観覧場
建築設計　妹島和世＋西沢立衛/SANAA
構造設計　佐々木睦朗構造計画研究所、多田脩二構造設計事務所
施工　　　建築：大林・合田・菅特定建設工事共同企業体
　　　　　電気設備：四電工・三和電業特定建設工事共同企業体
　　　　　空調設備：三建設備・三喜工事・雉鳥工業特定建設工事共同企業体
　　　　　給排水衛生設備：三宅産業・織田設備建設共同企業体
敷地面積　31,336.79㎡
建築面積　18,976.44㎡
延床面積　28,975.10㎡
階数　　　地下1階、地上2階
最高高　　27.9m
軒高　　　8.43m
構造　　　鉄骨造、鉄筋コンクリート、一部 鉄骨鉄筋コンクリート造
杭・基礎　杭基礎
設計期間　2018年11月〜2022年2月
施工期間　2022年4月〜2024年11月

担当スタッフ：犬飼基史、永井佑季、今澤和貴、富岡庸平
　　　　　　　＋多田脩二（多田脩二構造設計事務所）

クレジット

写真撮影 　大橋富夫
　　　　　pp.12-13, pp.16-17, pp.36-37

　　　　　鈴木久雄
　　　　　pp.20-21, pp.28-30, pp.130-131, pp.146-149, pp.188-191, p.193

　　　　　新建築社写真部
　　　　　p.22, p.25, p.35, p.280（上）

　　　　　SANAA
　　　　　p.31, pp.66-69, pp.206-207, pp.210-211（上・左下）, p.218（上）, p.243（上）, pp.240-242, p.243（上）,
　　　　　p.250（下3枚）, p.251, pp.254-255, p.304（中央2枚・下左）

　　　　　坂口裕康
　　　　　pp.38-39, p.73

　　　　　畠山直哉
　　　　　p.49, p.51

　　　　　磯崎新アトリエ
　　　　　p.59（すべて）, p.151（5枚とも）, pp.196-197（3枚とも）

　　　　　阿野太一
　　　　　p.79, p.85（上下とも）, pp.234-235

　　　　　上田宏
　　　　　pp.86-89

　　　　　株式会社エスエス
　　　　　pp.96-97, p.243（下）

　　　　　Christian Richters
　　　　　pp.134-135

　　　　　Thomas Mayer
　　　　　p.137（上）

　　　　　Dean Kaufman
　　　　　pp.138-140, pp.248-249, p.252（2枚とも）, pp.256-257

　　　　　伊東豊雄建築設計事務所
　　　　　pp.152-154, p.169, p.171（2枚とも）, pp.173-175（すべて）, pp.198-200, p.202（左）,
　　　　　p.205（左中央・左下除く）, p.227（下）, pp.230-231（すべて）, pp.258-259, p.273（すべて）, p.275（上2枚）

　　　　　石黒写真研究所
　　　　　pp.164-165

　　　　　鈴木研一
　　　　　pp.176-177, pp.232-233, pp.298-301, pp.306-309（すべて）

　　　　　森川昇
　　　　　pp.178-179

西沢立衛建築設計事務所
p.180

Alain Herzog
pp.208-209

Iwan Baan
p.211（下）, p.213, p.250（上）, p.253, p.264

Luuk Kramer
p.218（下）

中村絵
pp.224-226, p.227（上）, p.228, p.261, p.265（2枚とも）

川澄・小林研二写真事務所
pp.266-271

妹島和世建築設計事務所
p.280（下）

ToLoLo studio
pp.286-289, pp.296-297

写真提供 　株式会社竹中工務店
pp.112-115, p.117, pp.121（上下とも）

多摩美術大学/撮影 伊奈英次
pp.166-167

株式会社大林組
pp.276-277（すべて）, p.304（上）, p.305

京都市/京都市立芸術大学及び京都市立銅駝美術工芸高等学校移転整備工事
乾・RING・フジワラボ・o+h・吉村設計共同体
pp.294-295（すべて）

図版提供 　伊東豊雄建築設計事務所
p.40（上）, p.127, p.172, p.203（右）, pp.270-271

©Estate of Arata Isozaki
pp.60-63, pp.104-107

SANAA
p.72（上）, pp.132-133（すべて）, p.140（すべて）

京都市/京都市立芸術大学及び京都市立銅駝美術工芸高等学校移転整備工事
乾・RING・フジワラボ・o+h・吉村設計共同体
pp.290-292

＊特記以外はすべて 佐々木睦朗構造計画研究所 撮影・提供による。

伊東豊雄＆SANAAインタビュー 撮影：青栁敏史

著者略歴

佐々木　睦朗（ささき・むつろう）

構造家・佐々木睦朗構造計画研究所主宰
法政大学名誉教授

1946	愛知県生まれ
1968	名古屋大学工学部建築学科卒業
1970	名古屋大学大学院工学研究科修士課程修了
1970〜1979	木村俊彦構造設計事務所勤務
1980	佐々木睦朗構造計画研究所設立
1998	博士（工学）取得
1999〜2004	名古屋大学大学院工学研究科建築学専攻教授
2004〜2016	法政大学工学部建築学科教授
2016	法政大学名誉教授

主な受賞歴

1991	松井源吾賞《美和ロック工業玉城工場》
2002	日本鋼構造協会賞《札幌ドーム》
2003	日本建築学会賞（作品）《せんだいメディアテーク》
2004	IASS TSUBOI AWARD「Computational Morphogenesis of 3D Structures by Extended ESO Method」
2008	日本免震構造協会賞（作品）《多摩美術大学図書館（八王子キャンパス）》
2023	IASS Torroja Medal（トロハメダル）

BCS賞《せんだいメディアテーク》《ルイ・ヴィトン表参道ビル》《金沢21世紀美術館》
《瞑想の森 市営斎場》《多摩美術大学図書館（八王子キャンパス）》《座・高円寺》《豊島美術館》
《Junko Fukutake Hall》《山梨学院大学国際リベラルアーツ学部棟》《すみだ北斎美術館》
《日本女子大学目白キャンパス》

主な著書

『構造設計の詩法──住宅からスーパーシェッズまで』住まいの図書館出版局 1997/09
『FLUX STRUCTURE』TOTO出版 2005/06
『構造・構築・建築 佐々木睦朗の構造ヴィジョン』LIXIL出版 2017/03

佐々木睦朗構造計画研究所

（現スタッフ）

佐々木睦朗

犬飼基史

永井佑季

今澤和貴

高橋美智代

（旧スタッフ）

池田昌弘

久米弘記

多田脩二

鈴木啓

小西泰孝

村上博昭

満田衛資

寺戸巽海

礒崎あゆみ

鈴木健

鳴川肇

小松宏年

浜田英明

平岩良之

木村俊明

稲村力

富岡庸平

瀧本信幸

崔昌禹

編集協力

磯崎新アトリエ

伊東豊雄建築設計事務所

SANAA

妹島和世建築設計事務所

西沢立衛建築設計事務所

AS Co.Ltd.

乾・RING・フジワラボ・o+h・吉村設計共同体

株式会社大林組

難波和彦 + 界工作舎

制作協力　　永井佑季（佐々木睦朗構造計画研究所）、戸田剣
デザイン　　黒田益朗（kuroda design）、川口久美子
企画・編集　三井渉（グラフィック社）

佐々木睦朗作品集 1995-2024

2024年12月25日　初版第1刷発行

著者　　　　佐々木睦朗

発行者　　　津田淳子
発行所　　　株式会社グラフィック社
　　　　　　〒102-0073　東京都千代田区九段北1-14-17
　　　　　　tel. 03-3263-4318（代表）　tel. 03-3263-4579（編集）
　　　　　　fax. 03-3263-5297
　　　　　　https://www.graphicsha.co.jp/
印刷・製本　TOPPAN クロレ株式会社

・定価はカバーに表示してあります。
・乱丁・落丁本は、小社業務部宛にお送りください。小社送料負担にてお取り替え致します。
・著作権法上、本書掲載の写真・図・文の無断転載・借用・複製は禁じられています。
・本書のコピー、スキャン、デジタル化等の第三者に依頼してスキャンやデジタル化することは、
　たとえ個人や家族内での利用であっても著作権法上認められておりません。

©Sasaki Mutsuro
ISBN 978-4-7661-3933-4 C0052 2024 Printed in Japan